KB180209

내 안의 깊은 눈

내 안의 깊은 눈

자기연결감을 일깨우는 심리학 노트

신은경 지음

안온

자신과 연결되어 있는 기쁨

기자에서 상담가로 직업이 바뀌었지만, 사람을 만나 이야기를 경청하는 삶에는 변함이 없었습니다. 하지만 코로나로 인해 대면 상담과 교육이 어려워지면서 무기력함을 느낄 수밖에 없었죠. 많은 이가 팬데믹으로 우울과 불안을 경험하고 있다는 뉴스가 흘러나왔습니다. 어쩌면 이 책은 코로나가 아니었다면 나오지 못했을 겁니다. 방에 머무는 시간이 길어지자 나 자신과 세상을 위해 무엇을 할 수 있을까, 하는 물음이 커졌고 그에 대한 답을 찾는 과정에서 탄생한 책이기 때문입니다.

그간 만나온 내담자들이 말했습니다. "제가 왜 이런 감정과 고통을 느껴야 하는지 모르겠어요." "왜 저만 빼고 다른 사람들은 행복해 보일까요?" "거리를 다니는 사람들은 다들 잘 살고 있는 것 같아요." "저 사람들은 불안해 보이지도 않아요. 우울이 뭔지, 공황이 어떤지 모를 테니까요."

그들의 이야기는 곧 제 이야기이기도 했습니다. 어릴 때부터 많은 것을 느끼고, 많은 생각을 하고, 많은 것에 압도당하던 스스로에게 '제발 예민하게 굴지 마', '다른 사람들은 아무렇지 않게 잘하잖아', '왜 이렇게 적응력이 떨어져?' 하고 말해왔으니까요. 그러나 어쩌면 멀쩡하게 살아가는 사람들도 아무렇지 않아 보이는 겉모습과 달리 조금씩 분열된 자신을 끌어안고 사는지도 모른다는 생각이 들었습니다.

잡지사 기자로 일할 때도 비슷한 의문이 자주 들었습니다. 자신의 분야에서 상당한 성과를 거둔 한 인터뷰이가 "할 수 있다. 해봐라. 포기는 나약한 자의 변명이다"라며 열정 가득한 말을 해주었는데, 시간이 흐른 뒤 그가 사업 실패로 세상을 뜨자 내적 분열감을 느꼈습니다. 하지만 이러한 분열감은 의식 밑으로 밀어 넣은 채 한 인물을 만날 때면 취재 방향에 맞는 부분만 클로즈업해 남기고 나머지는 날려버리곤 했죠. 이러한 프레임은 나 자신과 세상을 바라볼 때도 마찬가지였습니다. 마음에 드는 모습만 갖길 원하고, 그것이 무너지면 스스로를 볼품없이 여겼습니다.

오랫동안 한 분야에서 꾸준히 활동하며 삶을 잘 지켜내는 이들과 특별하지 않아도 일상의 생기를 잃지 않고 살아가는 사람들을 보면서 '같은 상황 속에서 누군가는 다시 힘을 내 일어서는데, 왜 어떤 누군가는 영혼의 어둠 속에서 헤매는 것일까?' 삶의 축을 세우는 그들의 내적 동기가 궁금했습니다.

시간이 흘러 그 밑바탕에는 '자기연결감'이 존재한다는 것을 알게 되었습니다. 세상에 태어나 죽을 때까지 내 삶의 온전한 목격자인 나 자신, 그 중심에서 숨 쉬고 있는 '내 안의 깊은 눈'과 친밀하게 함께할 때, 힘들고 외롭고 어려운 순간이 있어도 다시 일어설 수 있는 힘을 충전할 수 있는 것이지요.

우리 내면에는 어린 시절부터 지금까지 나를 지탱해준 자기연결감이 있습니다. 바쁜 일상에 쫓겨 자각하지 못할 때도 있지만, 자기연결감은 언제 어디서 무얼 하든 나와 함께하고 있습니다. 시공간을 뛰어넘어 내가 보고 듣고 경험하는 것을 한 장의 LP판처럼 새기고 있습니다. 내가 어떠한 모습이든 나라는 존재의 지반을 받치고 있습니다. 분석심리학자인 칼 구스타프 융Carl Gustav Jung은 통합된 자기연결감 속에서 분열된 자아들이 한 송이 꽃으로 수렴되어 가장 자기다운 색과 향을 뿜어낸다고 보았습니다.

스스로의 삶을 잘 돌보고 가꾸어가는 사람들에게는 좀 부족하거나 헝클어져 있어도 자기 안의 깊은 눈과 연결된 사랑이 자리합니다. 어떤 상황에서든 나를 귀한 존재로 여기며, 설사 실패하고 넘어지더라도 온전히 받아줄 수 있는 자기연결감이 존재할 때, 삶에서 겪는 심리적 혼란은 단순히 병리적인 것이 아니라, 자기 균형감을 회복하기 위한 과정이라는 걸 깨닫게 됩니다.

생애주기를 보면 사람에게는 누구나 전환의 시기가 있습니다. 멀쩡하게 잘 살던 사람도 '내가 잘 살고 있는 걸까?', '산다는 건 어떤 의미지?', '죽음 앞에 섰을 때, 나는 잘 살았다고 할 수 있을까?'와 같은 질문을 던지면서요. 마치 제2의 사춘기가 온 것처럼 생의 본질적인 물음 앞에 헐벗게 됩니다. 누군가는 이 시기를 못 견뎌 탈주를 시도하고, 또 다른 누군가는 생의 또 다른 세계를 향해 나아가는 계기로 삼기도 하죠. 융은 이것을 외부로 몰입되었던 에너지가 내부로 수렴되면서 참자기trueself를 찾아나가는 과정이라고 보았습니다.

저 역시 마침 이러한 시기에 상담의 세계로 이끌어주신, 감사한 분을 만났습니다. "네가 햇빛과 따사로운 온기를 원한다면, 천둥과 번개도 받아들일 수 있어야 해." 칼릴 지브란의 글귀가 적힌 카드와 격려를 받았을 때, 앞으로 가야 할 길을 찾은 느낌이었죠. 내면에 숨겨진 빛과 그림자를 탐구해 자기연결감을 찾고 싶다는 열망이 생겼습니다.

이후 대학원에서 상담심리를 공부해 논문을 쓰고, 내담자를 만나고, 다양한 내면 탐구 프로그램을 개발해 여러 사람과 나누면서 그동안 편집되어 쓰이지 못했던 내면의 자아가 기지개를 켜는 듯했습니다. 하지만 코로나바이러스가 덮치면서 오프라인에서 진행하던 프로그램은 설 자리를 잃었고, 울적한 나날을 보냈지요. 그러던 어느 날, 고시원에서 생을 마감한, 상담 기회조차 없었던 이들의 이야기를 접했습니다. 그간 블로그를 운영하면서 상담 문의 메일을 받을 때마다 상담비가 부담되어, 혹은 속 이야기를 꺼내는 게 조심스러워 막상 상담센터를 찾지 못하는 사람들이 적지 않다는 것을 알게 되었습니다. 그래서 DIY 형식으로 자신의 내면을 비추어보고, 자기연결감을 강화할 수 있는 책이 필요하다는 생각을 했습니다.

우리는 혼자 있을 때 다들 조금씩 이상해집니다. 밖에서는 근사한 말을 하는 사람도 홀로 있을 때는 바보 같은 생각에 둘러싸여 있곤 하죠. 관건은 자기 자신과 있을 때 삶의 질을 높이는 데 있습니다. 이 책을 통해 자기연결감을 강화할 수 있는 28가지 심리학적 통찰을 전하고자 합니다.

1장에서는 마음이 지쳤을 때, 나만의 심리적 안전지대를 구축해 자기연결감을 찾는 방법을 담았습니다. 2장에서는 한 걸음 더 나아가, 자기 긍정 속에서 심리적 근육을 강화해 자기연결감을 두텁게 하는 과정을, 3장에서는 일상에서 자기연결감을 잘 발휘할 수 있도록 자기 조절을 돕는 방안을 담았습니다. 이어서 4장에서는 이 모든 과정을 머리로는 알지만 실천하기 어려울 때, 내면의 다양한 면을 살펴봄으로써 자기연결감 속에서 화해할 수 있는 과정을 다루었습니다. 5장에서는 분열된 자신이 다시 하나 되어 에너지를 얻는 방법을 구체적 사례를 제시하며 전하고자 했습니다. 그간 내면 탐구 프로그램을 진행하면서 활발하게 내적 상호작용을 끌어냈던 질문들을 각 글 말미에 실어, 일상에서 활용할 수 있도록 했습니다.

　누군가가 우연히 던지는 한마디나 작은 질문이 삶에 큰 변화를 가져온다고 믿습니다. 이 책이 나 자신과 끊임없이 대화할 수 있는 계기가 되어, 스스로도 이해하지 못했던 마음의 자물쇠를 푸는 작은 열쇠가 되면 좋겠습니다. 하릴없이 지칠 때, 아무 페이지나 펼쳐 읽으면서 자신의 한 페이지를 써나갈 수 있는, 당신 자신의 책이 되길 소망합니다.

2023년 초여름
마음밑돌 신은경

차례

프롤로그 | 자신과 연결되어 있는 기쁨 4

1장 자기연결감의 첫 단추, 심리적 안전지대

자기초점주의, 내 안의 너무 많은 나 15

알아차림을 통해 만나는 오감 25

나를 받아주는 마음쿠션 33

내 삶을 보호해주는, 감사 41

휴식, 내 마음의 쉼표 46

내면 아이를 찾아 떠나는 여행 53

감정 속 숨은 욕구를 찾아서 62

2장 자기연결감을 돕는 심리적 근육 키우기

긍정적 지점과의 연결성 75

어떻게 여기까지 왔을까? 82

내 삶의 등고선 찾기 88

속삭이는 이 말은 어디에서 온 걸까? 98

더 많은 기차 타보기 105

3장 자기조절을 통해 자기연결감 강화하기

자아고갈, 그게 뭔데? 113

완벽하지 않아도 사랑해 120

큰 목표일수록 작게 쪼개기 128

나를 가장 친한 친구처럼 바라보기 135

공감각을 활용해 일상의 질 높이기 143

절제가 안 될 땐 디소시에이트로 150

4장 다양한 나와의 자기연결성 맺기

고통을 허용할 수 있는 용기 163

나도 잘 모르는 내 마음 171

이쪽과 저쪽 사이에서 길을 헤맬 때 178

선택이 어려울 때, 세 가지 공간으로 가보기 186

나의 빛과 그림자 192

반대로 해보기 203

5장 자기연결감 회복하기

네 속에 내가 있다? 215

나, 세상을 바라보는 안경 223

관계 짓는 마음 230

자기연결감 회복하기 238

미주 251

자기연결감의 첫 단추,
심리적 안전지대

몸과 마음이 하릴없이 지칠 때는
나 자신이 무얼 좋아하는 사람인지,
어떠할 때 기쁜지 알아차리지 못합니다.
내면과의 연결성이 끊어져 있기 때문입니다.
자기연결감을 되찾기 위해서는 심리적 방어로 닫힌 나를 열고,
편안한 공간에서 내면의 힘을 충전할 필요가 있습니다.
1장에서는 나만의 안전지대를 통해
마음의 오아시스를 찾는 과정을 함께합니다.

자기초점주의,
내 안의 너무 많은 나

잡지사 기자로 일할 때, 인터뷰 말미에 이런 질문을 던지곤 했습니다. "가장 행복할 때가 언제인가요?" 꿈이나 목표를 이룬 순간을 꼽을 줄 알았는데, 가장 많이 나온 대답은 의외였습니다. 자신을 잊어버릴 정도로 열정을 갖고 일에 몰두할 때, 어떤 조건 없이 상대를 깊이 사랑할 때, 자의식을 버리고 보다 높은 차원의 에너지와 접촉할 때라는 답이 돌아왔기 때문입니다.

한편 내담자들에게 "언제 가장 불행한가요?"라고 물으면 '자기초점주의self-focused attention'에 빠져 있을 때가 많습니다. 자기초점주의란 자신에게 지나치게 주의를 기울이는 것을 뜻합니다. 자기초점주의에 사로잡히면 슬펐던 일이나 괴로웠던 사건을 반복적으로 생각해 그때의 장면에 자신을 묶어두게 됩니다.

사실 이러한 되새김질, 즉 반추는 스스로를 보호하기 위한 것입니다. 내 삶에 중요한 의미로 남은 것, 그중에서도 부정적 사건일수록 더 생생하게 기억해야 무엇 때문에 위험해졌는지, 어떤 양상으로 전개되었는지, 어떤 사람이 도움이 되거나 해가 되었는지 알 수 있기 때문이죠. 그래야 향후 중요한 사건을 예측하고, 비슷한 상황에 직면했을 때 대응할 수 있으니까요.

하지만 자기초점주의는 부정적 상황을 배경화면으로 삼기 때문에 우울을 유발합니다. 자신에게 지나치게 몰두하면, 가령 배가 조금만 아파도 '큰 병에 걸린 게 아닐까?' 하고 걱정해 부정적 감정에 빠지기 쉽고, 울적한 기분을 유발합니다. 그러니 우리는 때때로 자기 자신에 대해 잊어버릴 필요가 있습니다.

상상 속의 청중

적절한 자의식은 자신을 성찰하는 데 도움이 됩니다. 하지만 과도한 자의식은 타인이 볼 때 문제가 안 되는 사소한 행동이나 외모까지 지나치게 신경을 쓰게 해, 삶의 질을 떨어뜨립니다. 자의식이 높을수록 주변 환경을 '나'로 착각하는 경향도 강해집니다. 타인의 불쾌한 행동이나 내가 제어할 수 없는 것도 '내 것'으로 받아들이는 것이죠.

특히 다른 사람들이 자신의 행동을 주시한다고 믿는 '상상 속의 청중imaginary audience'이 있으면, 자신의 행동 하나하나에 신경을 쓰게 되어 외부와 유연하게 접촉하기가 어렵습니다. 마치 딱딱한 판 하나가 경계에 세워지는 것 같달까요. 자의식이 과도해지면 백 퍼센트 만족할 만한 상황을 설정해놓고 완벽하게 갖춘 후에야 나아가려고 합니다. 하지만 세상일이란 게 그렇게 아귀가 딱 맞아떨어지지도 않을뿐더러 원하는 대로만 흘러가지도 않지요.

좀 내버려두어도 괜찮은 마음, 그렇게 해도 좋지만 안 해도 또 다른 방법이 있다는 믿음, 남들 눈에 그럴듯한 것보다 자신을 소중히 여기는 태도는 과도한 자의식으로부터 홀가분해질 수 있는 방법입니다.

과도한 자의식으로 마음이 무겁다면 흘러간 과거나 아직 오지 않을 미래를 생각하기보다 '지금, 여기'에 집중할 필요가 있습니다. 현재의 나를 충분히 믿어주고 사랑해주면 무의식은 절대 나를 힘들게 하는 방향으로 몰지 않거든요. 순간에 집중하면서 그때그때 할 수 있는 만큼씩만 해나가는 겁니다. 마음이 산란할 때는 코끝에 정신을 집중하고 호흡해보세요. 벽에 점을 하나 찍어 놓고 그곳을 바라보는 것도 좋습니다. 의도적으로 속도를 낮추는 것도 현재에 발 디디는 데 도움이 됩니다.

'나'라는 작은 자아에 빠져 있지 말고, 무한대의 생명력을 믿어보세요. 자신을 있는 그대로 사랑하는, 그 뜨거운 생명력을요. 지금 이 순간, 내 심장을 뛰게 하고 보살펴주는 그 힘에 내맡겨보세요. 시간이 날 때면 자연을 찾아 하나 되는 연습을 하는 것도 좋은 방법입니다. 나무를 끌어안아보거나 들풀을 쓰다듬으며, 스스로를 바람처럼 열어두세요. 단 10초라도 멍하니 있는 것도 좋습니다. 내가 누구고, 여기가 어디이며, 앞으로 무엇을 해야 한다는 마음도 내려놓고 백지와 같은 상태로 있어보는 겁니다.

평소에 올라오는 자의식을 표현할 출구를 준비해놓는 것도 도움이 됩니다. 노래를 부르거나, 그림을 그리거나, 글을 쓰거나, 빈 의자를 놓고 거기에 상대가 있다고 가정한 다음 하고 싶은 말을 실컷 해보는 방법 같은 것을 말이죠. "왔어? 나 보호해주려고?" 하고 자의식을 하나의 대상처럼 알아차려주고, 꼭 안아주세요.

마음을 튼튼하게 하는 자아확장성

외국인 근로자에게 의료 봉사를 하는 의사에게 "주말에는 좀 쉬고 싶을 텐데, 고단하지 않으세요?"라고 물은 적이 있습니다. 그러자 "오히려 평일에 받았던 스트레스를 풀고 주말 동안 힐링하고 가는걸요. 대가 없이 누군가를 돕는 게 타인을 위한 것 같아도 결국 나 자신을 위한 시간이에요"라는 답이 돌아왔습니다.

실제로 봉사가 규칙적인 운동보다 건강에 더 도움이 된다는 연구 결과가 있습니다.[1] 그래서일까요. A는 오랫동안 앓던 우울증이 동네 아이들에게 일주일에 한 번, 한 시간씩 일본어를 가르치면서 호전되었다고 했습니다.

정신의학자 알프레드 아들러Alfred Adler는 사회적 관심과 타인에 대한 사랑을 정신건강을 지키는 최고의 비법으로 보았습니다. 세상과 타자를 사랑할 때 우울과 불안, 고독, 적개심으로부터 자유로워질 뿐만 아니라 정서적 안정과 삶의 만족감도 높아졌습니다.

마음의 면역력과 '자아확장성'은 밀접한 관련이 있습니다. 자아확장성이란 자아에 매몰되지 않고, 자신이 외부와 연결되어 있다고 느끼는 것을 말합니다. 외부 존재를 진심으로 사랑하면 그것이 나의 내부에 실재하게 되어 자아가 확장됩니다. 자아확장성이 낮을수록 나와 관련한 단어를 더 자주 사용하게 되는데, 이는 자기초점주의에 빠지게 만들어 고립감과 우울감을 유발하거든요. 반면 '우리'를 자주 쓰는 경우 통증도 감소하고, 신체의 면역력도 올라갔습니다. 누군가를 사랑할 때, 내가 행복해지는 이유가 바로 높아진 자아확장성 덕분입니다.

또 다른 연구는 이런 실험을 진행했습니다.[2] A그룹에는 자신을 위해 돈을 쓰게 하고, B그룹에는 다른 사람에게 깜짝 선물을 하게 한 다음, 각기 느끼는 만족감을 이야기하게 했습니다. 그 결과 자신을 위해 돈을 쓰는 게 더 좋으리라는 예상을 깨고, 타인에게 깜짝 선물을 한 B그룹이 더 행복해했습니다.

오늘은 주변에 대가를 바라지 않고, 깜짝 선물을 해보면 어떨까요? 자기초점주의에서 벗어나 확장된 나를 느낄 수 있을 겁니다.

○ 자기초점주의에서 벗어나는 방법 중 하나로 주변에 집중해보는 것도 좋습니다. 자신이 투명인간이라고 생각하고 거리의 풍경과 사람을 관찰해 보세요. 그리고 무엇이 더해지면 그 장면이 더 빛날 수 있을지 상상해 그림으로 그려보거나 글로 써보세요. 아주 엉뚱한 상상도 좋습니다.

예 | 사무실 창밖으로 보이는 나뭇가지에 좋아하는 젤리가 걸려 있으면 좋겠다.
겨울철 무표정하게 오가는 사람들 신발 속에 부드러운 털이 있으면 좋겠다.

○ 대가를 바라지 않고 깜짝 선물을 한다면

　누구에게 어떤 선물을 하고 싶은가요? 그 이유는 무엇인가요?

예 | ◆ 딸아이에게 사랑한다고 포스트잇에 쓰고, 초콜릿 봉투에 붙여 가방에 넣어두기.

　사춘기 딸과 사이가 안 좋은데, 사랑하고 있다는 마음을 표현하고 싶다.

　◆ 친구에게 기프트콘을 보내며 "네 생각이 나네. 행복한 하루 보내"라고 메시지 보내기.

　친구가 요즘 힘든데, 응원해주고 싶었다. 무엇보다 우정도 꾸준히 물 주듯이 가꾸어가

　는 것이라는 생각이 들었다.

　◆ 남편이 갖고 싶어 하던 전자기기를 일요일 아침에 산타클로스처럼 머리맡에 놓아두기.

　절약해야 한다는 생각에 남편에게 잔소리만 했더니 기가 죽은 것 같다.

　연애 때처럼 사랑하고 있다는 내 마음을 전하고 싶다.

O 지금까지 살면서 고마운 사람이 있다면 누구인가요?

예 | 어려운 환경에서도 어떻게든 키워주신 부모님.
　　힘들 때 조언해준 선생님.
　　삶의 문턱에서 우연찮게 등장한 그 사람.
　　책을 통해 만난 멘토.

O 어떤 생각이 반복적으로 떠올라 괴로울 때면 아래 항목에 따라
  그에 대해 상세히 적어보세요.

1. 어떤 일이 있었나요?

2. 왜 그런 일이 일어났나요?

3. 그것에 대해 어떻게 느끼나요?

4. 내가 진정 원했던 것은 무엇인가요?

5. 기대했는데 실망한 지점은 무엇인가요?

6. 앞으로는 어떻게 하고 싶은지 새로운 종이에 써보세요.

7. 적은 종이를 접고 또 접어서 좋아하는 사진이나 그림, 혹은 물건 위에 붙
   여둡니다.

8. 그 종이를 보며 '모든 것은 가장 좋은 흐름으로 흘러간다'라고 속삭이며
   바라보세요.

알아차림을 통해
만나는 오감

　보고 싶었던 영화가 개봉해 설레는 마음으로 영화관에 갔습니다. 그런데 영화 시작 전 회사에서 걸려온 전화가 신경 쓰여 영화에 집중하기 어려웠죠. 이처럼 내 마음을 불편하게 하는 지점이 있으면 현재는 흐릿해지고, 그 생각 속으로 빠져들고 맙니다. 문제는 지금, 여기와 접촉이 줄어들수록 활력이 감소되어 무기력해진다는 데 있습니다. 몸은 여기에 있는데 생각은 다른 데 있으니 마음이 분열되는 거죠. 이런 메커니즘은 일상에서도 빈번하게 작동합니다. 과거로 돌아가면 후회가 밀려오고, 미래를 생각하면 불안해지는 경우가 바로 그것입니다.

　과거와 미래를 오가며 방황하는 이유는 더 잘 살고 싶기 때문입니다. 스스로를 보호하고 싶은 마음이죠. 하지만 현재의 나는 과거나 미래 속으로 들어가 행동할 수 없기 때문에 그 격차만큼 불안이 올라옵니다.

우리가 어떤 행동을 하려고 할 때면 자연스럽게 흥분이 올라오는데, 이 흥분이 행동으로 이어지지 못하면 불안이 발생합니다. 그래서 게슈탈트 치료[3]를 만든 프리츠 펄스Fritz Perls는 불안을 가리켜 '행동으로 옮길 수 없는 흥분'이라고 말합니다. 불안은 흥분이 행동으로 이어지지 못하고 차단될 때 남는 찌꺼기 같은 에너지라는 거죠. 이때, 호흡이 흥분에 환기구가 되어줄 수 있습니다. 호흡이 온전해지면 불안은 감소하고, 현재에 접촉할 수 있습니다. 반대로 현재에 두 발을 디디고 있으면 호흡은 자연스레 돌아옵니다.

생각으로부터 쉽게 벗어날 수 없을 때는 심장에 문이 하나 열렸다고 생각한 후 5초 동안 들이쉬고, 5초 동안 내쉬어봅니다. 이 과정을 2~3회 반복하면서 호흡이 심장에서 배로, 배에서 발바닥으로 내려간다고 여기며 마치 물이 위에서 아래로 흐르듯이 숨을 깊게 들이쉬고 내쉬어봅니다. 이때 굳어 있거나 뭉친 부분이 느껴지면 그곳에 다시 따뜻한 숨을 불어넣듯이 심호흡을 해보세요.

생각에서 빠져나와 현재의 자리로 돌아올 때 오감五感을 알아차리는 것도 도움이 됩니다. '고개를 젖히면 무엇이 보이지?', '지금 무슨 소리가 들리지?', '어떤 냄새가 나지?', '차를 한 모금 마시며 어떤 맛이지?', '손톱을 만져보며 어떤 촉감이 느껴지지?' 이렇게 감각에 집중하면 '지금 여기'로 돌아올 수 있습니다.

외부로 시선을 돌려 천천히 주변의 글자를 읽어보거나, 동네를 한 바퀴 돌면서 어떤 변화가 있는지 살펴보세요. 자세를 바꿔 고개만 위로 들어도 에너지의 흐름이 달라져 기분이 전환될 수 있습니다.

자주 쓰거나, 쓰지 못하는 오감 알아차리기

평소 자신이 어떤 감각을 주로 쓰는지, 혹은 잘 쓰지 않는지 궁금하다면 다음 물음에 답해보세요. 산속에 있다고 상상해보는 겁니다. 무엇이 떠오르나요? '햇살에 반짝이는 나무'나 '오색으로 물든 단풍'처럼 이미지가 먼저 그려진다면 시각을 주로 쓰는 것이고, '쏴-아 부는 바람 소리'나 '지지배배 우는 새소리'처럼 소리가 먼저 들린다면 청각을 잘 쓰는 편입니다. '산속 풀 냄새, 산에서 마시는 시원한 물, 발바닥에 닿는 흙' 등 냄새, 맛, 온도, 촉감 등이 떠오른다면 신체감각을 주로 쓴다는 뜻입니다.

사람들과 같이 산에 올라도, 자신이 잘 쓰는 감각이 무엇이냐에 따라 돋올하게 느끼는 지점이 서로 다릅니다. 이때, 평소에 잘 쓰지 않는 감각에 주의를 기울이면 좀더 풍성하게 세상을 느낄 수 있죠.

만약 내가 청각을 잘 쓰지 않았다면 청각을 적극적으로 써봅니다. 상대의 목소리는 어떤 색깔과 모양을 가졌는지,

어떤 단어를 발음했을 때 청량감이 느껴지는지, 어떤 장르의 음악에 끌리는지, 어떤 가사에 마음이 꽂히는지 귀를 기울여보세요. 나만의 음악회를 열어보는 것도 좋습니다. 유튜브로 콘서트나 연주회 실황을 켜놓고 오로지 음악에만 집중해보는 식으로요.

청각 노트를 쓰는 것도 도움이 됩니다. 요리할 때 나는 소리, 현관에 매달린 풍경 소리, 식구들의 발소리 혹은 내 목소리를 녹음해 들어보기도 하고, 손가락으로 톡톡 사물을 두드릴 때 나는 소리, 유튜브에 담긴 새소리 등을 채집해 그때 느껴지는 마음도 같이 써보는 겁니다. 단 한 줄이어도 충분합니다.

시각을 잘 쓰지 않았다면 색감이 풍부한 영화나 그림을 보거나 아이 쇼핑을 해보는 것도 좋습니다. 낯선 동네에 가보거나 여행지의 풍경을 두 눈에 담아보세요. 일상에서 인상 깊었던 장면을 스케치해보는 것도 도움이 됩니다. 쇼윈도에서 본 마네킹의 옷이 무슨 색깔인지, 전봇대 밑에 잡초가 얼마나 자랐는지 등 스치는 풍경을 사진이나 그림으로 하루에 한 장씩 담아 나만의 풍경 일기를 써봐도 좋습니다. SNS에 올려 사람들과 나누는 것도 좋고요.

신체감각을 잘 쓰지 않았다면 운동할 때 움직이는 근육에 또렷하게 집중해본다거나 사람이나 동물과 스킨십을 늘려봐도 좋습니다. 사랑하는 이의 머리카락은 이런 감촉이구나, 엄마의 어깨는 안아봤을 때 이런 느낌이구나, 친구의 손을 잡았을 때 온도는 이렇구나. 섬세하게 신체를 감각해 봅니다. 음식을 먹을 때 아주 천천히 그 맛을 음미해볼 수도 있습니다. 식물원이나 꽃집에 가서 향기를 맡아보고, 보디용품점이나 향수 가게에 들러 세심하게 향을 구별해보는 것도 기분 전환에 도움이 됩니다. 무엇보다 햇살과 접촉하면 세포가 깨어나기 때문에 하루에 20~30분 정도 햇빛을 쬐는 것도 좋죠. 우울감도 감소하고 비타민 D를 흡수해 면역력도 올라가니까요.

어떤 생각 속에 사로잡혀 있다면 운동화 끈을 단단하게 묶고 밖으로 나가 걸어보세요. 걸으면서 하늘 색도 관찰해보고 바람이 잎새를 어떻게 스치고 지나가는지도 살펴봅니다. 사람마다 다른 걸음걸이도 스케치해보고 지금 내가 발 디딘 땅의 감각은 어떤지 세밀하게 주의를 기울여보세요. 오감을 열어놓고 있으면 생각으로부터 벗어나 현재에 닻을 내릴 수 있습니다.

오감을 열어주는 문 찾기

기분이 울적할 때는 살면서 나를 행복하게 했던 감각을 떠올려보세요. 시각적으로 행복을 줬던 장면이 있다면 무엇인가요? 저는 여름철, 저녁 7시 넘어서 지는 노을을 좋아합니다. 붉은 노을이 보랏빛을 발하다가 군청색으로 스러지는 지점이 사랑스럽거든요.

　나를 기분 좋게 하는 향기가 있다면 무엇인가요? 저는 재스민 향기를 좋아합니다. 은은하게 스치는 향 속에 작은 꽃마차가 들어 있는 것 같달까요. 재스민 향기를 맡고 있으면 근사하게 주변 공기가 바뀌는 기쁨을 만끽할 수 있습니다.

　나를 행복하게 하는 미각은 무엇이 있나요? 저는 뜨거운 김이 펄펄 나는 칼국수를 보면 유년시절에 행복했던 한때가 떠오릅니다. 엄마와 함께 먹던 서산 시장통의 한 국숫집, 슥슥 도마 위에서 칼질해 휘휘 풀어내던 국숫발, 뜨거운 멸치 다시에 바지락과 함께 한가득 인심 좋게 나오던 칼국수, 그리고 내일은 상관없이 그저 오늘이 좋았던 초등학교 5학년 시절의 어린 내가 느껴져서 행복합니다.

　청각적으로 나를 행복하게 하는 소리는 무엇인가요? 좋아하는 음악? 사랑하는 사람의 목소리? 스치는 바람 소리? 다 좋습니다. 저는 좋아하는 사람들이 다정하게 이름을 불러줄 때 행복합니다.

　나를 기분 좋게 하는 촉감은 무엇인가요? 보들보들하면서도 몽클몽클한 강아지 털, 포근한 니트의 굵은 올, 푹신하고 따뜻한 이불, 사랑하는 사람의 온기. 저는 욕조에 따뜻한 물을 받아 놓고 반신욕을 할 때 기분이 좋습니다.

　이렇게 행복했던 감각을 떠올려보고, 그러한 감각을 일상에서 발휘할 수 있게 찾아보세요. 오감을 발견하고 열어두면 무미건조하게 반복되는 하루에 꽃이 피어날 겁니다.

○ 나를 행복하게 하는 오감은 무엇인가요?

예 | 시각 | 좋아하는 사람의 얼굴.
　　청각 | 어릴 때 듣던 크리스마스캐럴.
　　후각 | 꽃향기, 갓 구운 빵 냄새.
　　촉각 | 몽클한 강아지 털.
　　미각 | 달콤한 잼.

시각

청각

후각

촉각

미각

○ 내가 좋아하는 색깔은 무엇인가요? 그 색을 일상 속 어디에 담고 싶나
　요? 옷? 액세서리? 가방? 그림? 원하는 곳에 담아보세요.

○ 내가 좋아하는 단어는 무엇인가요?

그 단어를 지갑 속에 넣어두고 어떤 색깔과 모양인지,
어떤 향기가 나는지, 어떤 느낌인지, 어떤 맛이 나는지
상상해보세요. 익숙해지면 좋아하는 단어를 바꿔보세요.

○ 평소에 지키려고 하는 일상의 아름다움은 무엇인가요?

앞으로 더 해보고 싶은 지점이 있다면?

예 | 평소에 지키려고 하는 일상의 아름다움

아침에 일어나면 꼭 머리 드라이를 한다. 한 달에 한 번, 좋아하는 그림으로 벽을 장식
한다. 나에게 어울리는 퍼스널컬러로 의류를 골라 입는다.

앞으로 더 해보고 싶은 지점

커튼을 바꾸겠다. 거실에 벤자민 화분을 들이겠다. 새로운 립스틱을 발라보겠다.

나를 받아주는
마음쿠션

　만년 대리로 있다가 과장으로 승진한 날에는, 평소와 다름없는 출근길이었는데도 어찌나 기분이 좋던지요. 푸른 하늘, 반짝이는 햇살, 춤추는 나무, 사람들의 미소가 눈에 쏙 들어왔습니다. 그런데 퇴근길에 고대했던 인터뷰이와의 만남이 취소되었다는 연락을 받았습니다. 6개월간 설득하고 기다린 시간이 주마등처럼 스쳐 지나갔습니다. 매니저한테 다시 전화를 했더니 인터뷰이 건강이 악화되어 어쩔 수 없다는 겁니다. 그럼 빨리 알려주지 왜 인터뷰를 하루 앞두고 연락했냐고 하니, 깜박했답니다. 갑자기 화가 났습니다. 오전에는 눈에 들어오지 않던 거리의 쓰레기, 무질서한 차량, 유독 화난 사람의 얼굴이 클로즈업되어 다가왔습니다. 같은 거리도 전혀 다른 풍경으로 파고듭니다. 도대체 왜 그런 걸까요?

정서에 관한 여러 연구를 보면 감정은 마음의 '낚싯대' 역할을 합니다. 기쁠 때는 거리의 간판을 보고도 사랑, 행복과 같은 긍정적인 단어가 눈에 들어옵니다. 우울할 때는 우울했던 기억만 자석처럼 끌려와 세상이 슬퍼 보입니다. 무서울 때는 오래전에 봤던 공포영화가 갑자기 떠올라 소름이 돋죠. 이때 정서가 하는 낚시는 시공간의 제약이 없습니다. 과거·현재·미래 중 지금 느끼는 감정과 비슷한 결을 지닌 것이 있다면 절묘하게 건져 올립니다. 이럴 때는 내가 특정 감정에 매몰되어 세상을 편집하고 있다는 것을 알아차려야 합니다.

누구나 심리적 타격을 입은 뒤에는 일상의 균형이 무너집니다. 이때 화, 우울, 무기력 등 부정적 감정이 유발되면 내가 겪는 세상은 온통 회색빛으로 채색되고 맙니다. 하지만 스트레스를 받는 상황에서도 적극적으로 해결 방안을 떠올리고, 행동을 취하는 사람들에 대한 연구도 여럿 있습니다. 회복탄력성이 높은 사람들은 기분을 전환할 수 있는 나름의 안전지대, 즉 마음쿠션을 가지고 있었습니다.

마음은 쑥대밭이 되었어도, 기분을 전환할 수 있는 말과 이미지를 떠올려보고, 운동을 하고, 좋아하는 음악을 듣고, 좋아하는 책의 구절을 읽고, 기분을 북돋는 영화를 보고, 따뜻한 물에 샤워를 하고, 하늘을 향해 기도를 하는 등 기분을 전환할 수 있는 나만의 방법을 실천하고 있다는 겁니다.

심리적 건강이 회복되는 지점은, 주로 자신이 좋아하

는 것, 그리고 여태껏 성취한 크고 작은 것을 떠올려 보고 인정하는 데에서 옵니다. 진짜 별것 아니어도 좋아요. 내가 선택해 도전했고, 작은 열매를 얻은 것이라면 무엇이든 좋습니다.

마음쿠션이 필요한 이유

"스트레스를 받으면 어떻게 하나요?" 인터뷰할 때마다 자주 묻는 질문인데요. 많은 인터뷰이가 마음이 힘들 때 꺼내 쓰는 자신만의 마음쿠션을 갖고 있었습니다.

"뭔가 막혔다는 생각이 들 땐, 일단 다 내려놓고 낮잠을 잡니다." "기운이 없을 때는 어린 시절 할머니가 해주셨던 팥죽을 떠올리며 단골 음식점에서 사 먹어요. 그러면 마음이 뜨끈해지면서 힘이 납니다." "울적할 때는 사방이 탁 트인 자연으로 갑니다. 휘적휘적 걷다 보면 가슴속이 뻥 뚫려서 다시 살아갈 힘을 얻죠."

이처럼 스트레스를 받을 때는 감정을 억지로 억압하지 않고 자연스럽게 주의를 돌려 심리적 공간을 만드는 게 필요합니다. 한 연구에 따르면,[4] "네가 또래들 사이에서 투표를 통해 추방되었다"라는 말을 들은 아이들은 분노와 슬픔, 소외감을 느꼈습니다. 이때 특정 그룹의 아이에게는 좋아하는 만화책을 보게 하거나 음악을 듣게 하거나 낮잠을 자게 하는 등 주의를 전환하는 시간을 갖게 했고, 다른 그룹의 아이에게는 별다른 조치를 취하지 않았습니다. 그다음, 아이들에게 새로운 과제를 주었더니 주의를 전환한 그룹의 아이가 과제에 집중하는 능력이 더 뛰어났습니다. 이처럼 당면한 스트레스에서 벗어나 충분한 휴식을 취하거나 좋아하는 일을 통해 주의를 전환하는 일은 나만의 마음쿠션이 되어 스스로를 치유합니다. 고통을 있는 그대로 수용하는 것도 필요하지만, 고통의 하중이 클 때는 마음쿠션에 기대어 힘이 모이기까지 기다리는 거죠. 이런 시간을 통과하면 설사 상황은 달라지지 않더라도 흑백 텔레비전 같았던 정서에 연한 컬러감이 생기면서 생각의 결이 달라지니까요.

긍정적 안전지대

긍정 심리학의 창시자인 마틴 셀리그먼Martin Seligman은 생각의 결을 바꾸는 방법 중 하나로 '그날 하루, 기분 좋았던 일들을 기록해보기'를 권하는데요. 두 그룹으로 나눠, 한 그룹은 하루 일과를 적게 하고, 다른 그룹은 '오늘 하루 있었던 기분 좋았던 일 세 가지'를 떠올리게 했답니다. 이때 후자가 스트레스에 더 강한 회복력을 보였습니다.

셀리그먼은 "긍정적 안전지대에서 보다 창의적이고 유연한 개인으로 변화한다"고 말합니다. 긍정 정서를 느낄 때 우리는 평소 익숙한 방식에서 벗어나 새로운 선택에 도전하는 경향이 높기 때문입니다. 그래서 긍정 정서를 느낄 때 더 많은 기회를 얻습니다. 반면 불안하거나 우울하면 익숙한 것에 고착되는 경우가 많습니다.

　무엇보다 긍정 정서는 주변 사람들과 친밀감을 쌓는 데 좋은 영향을 줍니다. 내 기분이 안 좋을 때는 상대에게서 기분 나쁜 부분이 잘 보이지요. 하지만 내 마음이 편안하고 안정되면 '나도 그럴 때가 있지', '저 사람은 오늘 기분이 안 좋은가 보네' 하고 널따란 심리적 공간에서 바라보게 되죠.

　다행인 것은 긍정 정서는 훈련을 통해 향상될 수 있다는 점입니다. 특히 내 인생에서 뜻깊고 좋았던 일을 떠올리면 뇌의 긍정 회로가 활성화됩니다.

　스트레스를 받으면 내적 에너지가 소진되어, 평소 잘할 수 있는 일에도 능률이 떨어지거든요. 이럴 때는 잠깐이라도 편안함을 느낄 수 있는 마음쿠션을 떠올리고 내적 에너지를 충전해보세요. 사람들은 지갑 속 가족사진 보기, 종교 서적 펼치기, 잠깐 창밖 바라보기, 껌 씹기, 메모장에 아무거나 쓰고 삭제 버튼 누르기, 의류 쇼핑몰에 들어가서 예쁜 신상품 구경하기, 여행 사진 보기, 갖고 싶은 자동차 모델 구경하기, 좋아하는 인물 사진 들여다보기 등을 자신만의 마음쿠션으로 삼았습니다.

○ 나를 받아주는 마음쿠션 찾기

떠올리면 행복하고, 기분 좋은 추억이 있다면 무엇인가요?
참 다행이었던 적은 언제인가요?

자신이 좋아하는 활동 세 가지를 꼽아보세요.

떠올리면 마음이 편안해지는 장소나 좋아하는 공간은 어디인가요?

생각만 해도 기분이 좋아지는 상상이 있다면 어떤 걸까요?

○ 내 안에 마음쿠션 만들기

1. 자신이 따뜻하고, 안전하고, 아늑하고, 편안한 장소에 있다고 상상해보
   세요.
2. 그 공간의 바람, 온기, 촉감까지 생생하게 떠올려보세요.
3. 그 안에서 내가 좋아하는 활동을 해봅니다. 스스로에게 주고 싶은 선물
   이 있다면 선물해보세요.
4. 그 장면을 찰칵, 사진 찍듯이 마음속에 간직하세요.
5. 그리고 그 장면에 이름을 붙여보세요. 예를 들어 "기분 좋게 거닐던 바
   닷가" 이렇게요.
6. 스트레스를 받는 상황이 생기면, 그 장면을 닻 삼아, 그 속으로 들어가보
   세요. 아주 생생하게 말이죠.

이 기분 좋은 정서가 살면서 힘들 때 마음을 받아줄 '쿠션' 역할을 해줄 거
예요.

내 삶을
보호해주는, 감사

잡지사에서 일할 때 마당발이었던 한 선배는 옷깃만 스친 사람도 인연으로 만드는 마력을 가지고 있었습니다. 그 비결이 무얼까 궁금했는데, 선배는 인터뷰가 끝나면 이런 말을 꼭 문자로 보냈다고 합니다. "오늘 인터뷰, 제겐 참 감사한 시간이었습니다. 행복하고 뜻깊은 만남이었어요."

이런 소소한 감사 인사는 별것 아닌 듯하지만, 선배와 가까워진 어떤 인터뷰이는 "다들 인터뷰 전에는 시간 내주어 감사하다고 이야기해도, 끝난 뒤엔 보통 연락이 없죠. 내 평생 인터뷰를 많이 했지만, 인터뷰가 끝나고 감사 문자를 받은 적은 처음이라 유독 기억에 남았어요"라고 말했습니다.

예상치 못한 행복을 주는 '감사'

보통 우리는 감사하다는 표현이 상대에게 큰 행복감을 줄 거라는 생각을 하지 못합니다. 한 연구[5]에 의하면 상대가 나의 감사 표현을 받았을 때, 어느 정도 행복을 느낄 것 같으냐는 물음에 5점 만점에 2~3점 정도로 예측했습니다. 그런데 실제 감사 표현을 받은 이들은 4점대의 행복을 느꼈습니다. 5분 정도만 시간을 내어 짧은 감사 글을 써 보내면 상대는 자신에게 감사해한다는 것만으로도 기분이 좋아졌던 거죠.

감사하는 마음은 받는 사람뿐만 아니라, 표현하는 이에게도 여러 긍정적인 영향을 줍니다. 감사를 전하는 순간, 스트레스가 감소될 뿐만 아니라 일상에 활력을 얻습니다. 무엇보다 서로가 연결되어 있다는 유대감을 높여 사회적 지지를 받게 합니다. 감사는 나 자신을 보호해주는 특별한 정서입니다. 명상하거나 이완해 푹 쉴 때보다, 감사한 마음을 가졌을 때 심장박동 수의 변화 주기와 호흡, 혈압이 탄력적으로 일치되어 가장 편안하고 안정감 있는 상태가 되었습니다.[6]

보통 안 좋은 일이 생기면 평소에는 대수롭지 않게 지나칠 수 있는 일도 곱씹거나, 가정법을 쓰며 괴로워합니다. "아, 코로나만 아니면 ○○했을 텐데!", "그때 그런 선택을 하지 말았어야 했는데", "만약에 내가 ○○라면 얼마나 좋을까?” 이런 사고 패턴에 휘말리기 쉽습니다. 인지심리학자들이 연구한 바에 따르면, 이런 가정법 사고는 지금 현재와 부정적 격차를 유발해 스트레스 호르몬인 코르티솔을 분비합니다. 이는 분노나 우울로 이어져 면역력을 떨어뜨리기까지 합니다. 반면 “○○가 아니어서 참 다행이다”, “그래도 ○○라서 감사하다”와 같이 감사함을 느낄 때 행복 호르몬인 세로토닌이 증가했습니다.

감사는 대인 관계 능력도 향상시킵니다. 우리가 보통 컨디션이 저하되거나 부정적 감정에 사로잡히면 상대의 단점이 먼저 눈에 들어오지만, 감사는 상대의 긍정적인 면을 이끌어내주기 때문입니다.

한 내담자는 남편 얼굴만 봐도 화가 났었는데, ‘감사 장면 만들기’ 프로그램에 참여한 이후 사이가 좋아졌다고 했습니다. 감사 장면 만들기는 어떤 특정 상대에게 부정적 감정을 느낄 때, 그가 나에게 도움이 된 점, 감사하고 다행인 점, 상대와 쌓은 소소한 추억이나 웃긴 기억 등을 떠올리며 그때의 상황을 그림으로 그려 벽에 붙여두는 것입니다. 상대 얼굴을 마주할 때 불쾌한 감정이 올라오면, 잠시 감사 장면을 보며 불편한 감정을 치환해봅니다. 이런 과정을 반복하면 잊고 있었던 상대에 대한 고마움도 알아차려 관계 회복에 도움이 됩니다.

잠들기 전 보약, 감사

아침에 눈떴을 때 왠지 모르게 찌뿌둥한 날이 있습니다. 보통 그런 경우 전날 과로했거나 몸의 컨디션이 안 좋거나 스트레스를 받아 피로가 누적되었거나와 같은 여러 요인 때문일 겁니다. 그런데 잠들기 전에 내가 느꼈던 기분 때문에 찌뿌둥한 것이라면, '어 진짜?' 하고 고개를 갸웃거릴 수도 있습니다.

잠들기 전 기분은 매우 중요합니다. 우리가 잠들기 전에 느꼈던 감정은 수면을 취하는 동안 무의식에 스며들어 다음 날 아침까지 이어집니다. 분석심리학자 융은 우리가 잠들기 전에 느꼈던 기분이 꿈을 통해 탁본되어 드러난다고 보았습니다.

사람은 언어를 통해 사고합니다. 예를 들어 방금 전까지만 해도 기분 좋게 씻고 소파에 앉았는데, 스마트폰을 통해 비리, 구속, 수사, 실패, 뺑소니, 학대 등과 같은 단어가 눈에 들어오기 시작하면 뇌는 그 단어를 매개로 부정적인 생각을 연결 짓기 시작합니다. 이 과정에서 잊혔던 불쾌한 기억들이 고구마줄기처럼 의식 밖으로 나오지요. 미래의 불안까지 덤으로요. 이건 무의식적으로 벌어지기 때문에 막을 도리가 없습니다.

하지만 잠들기 전에 고마웠던 마음을 떠올려보면 마음의 균형을 되찾을 수 있습니다. 감사하는 마음은 무의식을 정화시켜주기 때문입니다.

오늘 밤, 잠들기 전에 아래 빈칸을 채워보면 어떨까요?

O **내 삶을 윤기 있게 해주는 감사**

1. _____ 을/를 알게 되어 감사합니다.

2. 과거에는 _____라는 힘든 일이 있었는데,

　　지금은 _____해서 다행입니다.

3. 오늘은 무사히 _____ 할 수 있어 감사합니다.

O **지금 이 순간, 내가 갖고 있는 것에 대해 감사**

1. _____ , 2. _____ , 3. _____ 을/를

갖고 있어 감사합니다.

O **나의 무의식에 말 걸어보기**

1. (자신의 이름을 부르며) ○○아, _____ 해줘서 고마워.

2. ○○아, _____ 에도 불구하고 잘 살아줘서 고마워.

3. ○○아, _____ 해서 힘들지. 괜찮아질 거야. 사랑해.

휴식,
내 마음의 쉼표

하루쯤은 쉬어도 좋을 휴일에 가만히 있는 게 불안하다면? 쉬면서도 제대로 쉬는 것 같지 않다면? 마음 놓고 노는 것도 아니고, 어중간한 마음으로 배회하다 보니 하루가 훌쩍 다 가버렸다면?

누구나 어정쩡하게 휴일을 보낸 적이 있을 겁니다. 사실 우리 내면 깊숙한 곳에는 휴식에 대한 죄의식이 있습니다. 원초아, 즉 나의 욕구에 만족하면 처벌받을 것 같은 두려움이 잠재되어 있습니다. 그래서 뭔가 생산적인 여가 활동이라도 하지 않으면 하루를 쓸모없이 보낸 것 같은 불안이 밀려오기도 합니다.

우리 무의식에는 내부 비판자가 살고 있습니다. 주로 어릴 때부터 켜켜이 스며든 양육자의 목소리가 숨어 있지요. C는 휴일에 쉬는 게 왠지 마음 편하지 않았습니다. "더 잘해야 해", "실수하면 안 돼", "성적이 왜 이 모양이야?" 유년기에 들었던, 자신의 기준에서 조금만 미끄러져도 화내고 소리치는 부모님의 목소리가 그의 내부에 숨어들어 있던 거죠. 처음 그를 억압한 것은 부모님이었지만, 지금은 스스로가 그 목소리를 흡수해 '○○해야 한다'는 마음에 짓눌리게 된 것입니다.

공백에 대한 두려움

펄스는 불안을 잘 느낄수록 방어하지 않는 이완된 상태, 즉 공백을 두려워한다고 말합니다. 공백을 회피하기 위해 끊임없이 무언가를 하면서 긴장 상태로 있어야 자신을 보호할 수 있다고 믿는 거죠.

하지만 공백에는 우리 몸과 정신을 회복하게 하는 힘이 있습니다. 텅 빈 공간을 가만히 받아들이고 충분히 내어 맡기면 마치 달이 차오르듯이 에너지가 고요히 모입니다. 우리 뇌는 살짝 이완되었을 때 예리해지고, 전방위적인 시야를 갖게 된다는 게 뇌과학자들의 중론입니다. 뇌는 지루함을 느낄 때 외부에서 자극거리를 찾지 못하면, 잠재의식 속으로 들어가 활동성을 갖는데 심심할 때 뇌가 똑똑해진다는 원리도 이런 맥락에 있습니다. 이때 묵혀두었던 기억의 편린들이 하나로 이어져 생각지도 못했던 아이디어로 짠,

하고 나타나기도 하죠.

창의적인 이들에게 좋은 아이디어를 어디에서 얻느냐고 물으면, 사람·책·영화·여행 등으로 다양하게 답하지만 주로 공백 상태에서 번뜩인다고 말합니다. 예를 들어 샤워할 때, 멍 하니 앉아 있을 때, 잠깐 상상 속에 잠길 때 등과 같이 해당 문제로부터 떨어진 공백 상태에서 뭔가가 튀어나온다는 겁니다. 하지만 어떤 문제에 지나치게 매달리고 있을 때는 오히려 핵심을 놓치게 해, 가까운 길도 먼 길로 돌아가게 된다고 합니다.

우리가 잔뜩 긴장하거나, 무언가에 압박감을 느낄 때는 교감신경이 흥분해 피로해집니다. 너무 잘하려는 마음, 실패하면 안 될 것 같은 두려움이 오히려 집중을 방해해 자연스럽게 할 수 있는 일도 더 어렵게 만드는 거죠.

나 자신이 되도록 허락하기

진정한 휴식이란 뭘까요? 어떤 이는 꽉 짜인 업무에서 벗어나 잠시 산책을 할 때 느끼는 여유가 좋다고 말합니다. 어떤 이는 정신없는 하루 일과를 마친 뒤, 잠옷을 입고 슬렁슬렁 있을 때 제대로 쉬는 것 같다고 하죠. 상황은 저마다 달라도 그냥 있는 그대로의 나 자신으로 존재할 때 가장 홀가분하다는 점에서는 동일합니다.

우리는 어느 정도 상황과 환경에 맞는 태도를 보이며 살아갑니다. 언제 어디서나 내 모습이 똑같을 수는 없지요. 필요에 맞게 사회적 얼굴인 페르소나를 갖추며 살아가는데, 역할에 따라 자신의 일을 잘 수행하기 위해서는 이러한 페르소나가 필요합니다.

하지만 페르소나를 쓰고 살면 어느 정도 자신의 생물학적 기질을 억누를 수밖에 없습니다. 만약 사람 만나기를 좋아하는 외향적인 사람이 조용한 환경에서 말 한마디 하지 않고 일한다면 어떨까요? 내향적인 사람이 많은 사람을 만날 수밖에 없는 서비스직에 종사하고 있다면 어떨까요?

갓 태어난 신생아에게 특정 소리를 들려주었을 때, 내향적인 아이는 소리 나는 쪽을 피해 반대 방향으로 고개를 돌렸지만, 외향적인 아이는 소리 나는 쪽으로 고개를 돌렸습니다.[7] 내향적일수록 환경에 대한 민감도가 높아 회피하는 경향성이 높았고, 외향적일수록 새로운 상황에 호기심을 보였던 겁니다. 외향성과 내향성 역시 타고난 생물학적 기질이어서 신생아 때부터 자연스럽게 반응이 엇갈렸던 거죠. 이처럼 타고난 기질이 있는데, 그것을 억누른 채 사회에서 요구하는 역할에 충실하다 보면 면역 체계가 깨지고, 그것이 만성화되면 삶의 질이 떨어질 수밖에 없습니다.

자신을 억누른 채 애쓰는 모든 과정은 짙은 그림자를 남깁니다. 우리가 세련되게 사회화되는 지점 너머에는 억압된 그림자가 응축되어 있습니다. 평범하게 적응을 잘하는 모습 이면에는 본연의 내 모습이 억눌려 있는 거죠. 시소의 균형을 맞추기 위해서라도 본래의 나 자신이 되도록 허락하는 시간이 필요합니다.

외향적인데도 혼자 일할 수밖에 없는 환경에 있다면, 주말에라도 좋아하는 친구들을 만나 수다를 떨거나 취향에 맞는 동호회나 모임에서 활발하게 상호작용하며 생기를 되찾는 게 좋습니다. 눈물 많고 정 많은 사람이 자신의 업무에 있어서는 냉철할 수밖에 없다면 퇴근한 뒤에는 꼬리 치는 강아지를 안고 원래의 자기 모습으로 돌아가거나, 편안한 사람과 맛있는 것을 먹으며 서로의 이야기에 공감하는 시간이 필요합니다. 혼자 조용히 책 읽으며 사색하길 좋아하는 사람이 대중 앞에 나가 강의하고, 외향적인 모습으로 조직의 활기를 더해야 한다면 단 5분이라도 자기만의 공간에서 고요히 쉬며 본연의 모습으로 돌아가는 시간이 필요한 거죠.

저는 사람들과 대화하는 걸 좋아하지만, 집에 돌아오면 낮잠을 잡니다. 사실 사교적인 모습 뒤에는 혼자 있기 좋아하는 내향적 자아가 숨 쉬고 있거든요. 한 개그맨은 무대에서 사람들을 실컷 웃긴 다음에는 꼭 자신만의 시간을 갖는다고 합니다. 조용한 카페에 가거나, 집으로 돌아와 새로운 아이디어를 구상하는 시간이 자기를 치유하는 시간임을 아는 거죠.

본연의 모습으로 돌아갈 수 있는, 나만의 홀가분한 시간을 스스로에게 선물해보세요. 그리고 '꼭 해야 한다'는 압박감을 내려놓고, 평소 하고 싶었던 것들도 한번 허락해보세요.

○ 일주일 동안 휴가가 주어진다면 어떻게 보내고 싶은가요?

○ 나는 어떤 사람과 있을 때 생기가 있나요?

(떠오르는 사람이 없다면, 책이나 미디어를 통해 접한 사람도 괜찮습니다. 반려동물도 괜찮고요.)

O 내가 자연스럽고 편안할 때는 언제인가요?

O 나에게 생기를 주는 일상의 허락리스트 만들어보세요.

예 | 하루 30분, 나에게 작은 휴가 주기.
　　　한 달에 한 번, 혼자 호텔에서 군만두에 맥주를 마시며 영화 한 편 보기.
　　　입고 싶은 옷을 과감하게 입어보기.

내면 아이를
찾아 떠나는 여행

어릴 때는 평범한 것도 신기하기만 합니다. 그냥 스쳐 지나칠 만한 것도 순백의 눈으로 보면 특별하게 다가오죠. 별일 아니어도 키득키득 웃음이 나고, 하얀 눈이 펑펑 내리는 것만 봐도 가슴 설렙니다.

아이다움이 주는 이러한 활기는 어른이 되면서 시들해집니다. 반복되는 일상에 책임져야 하는 일까지 늘어나면서 삶이 틀에 박힌 그림 같습니다. 색다른 것을 봐도 시큰둥하고, 머릿속에는 해야 할 일들이 옷에 묻은 실밥처럼 따라다닙니다.

이렇게 볼륨이 소거된 화면처럼 살아가다 보면 삶이 오래된 흑백사진처럼 바랜 느낌이 듭니다. 권태와 공허함이 파고드는 거죠.

내면 아이가 주는 활기와 창의력

펄스는 살아 있다는 것은 흥분으로 가득한 어린아이의 활기와 같아, 이러한 생동감이 있을 때 일상에도 생명력이 돈다고 말합니다. 하지만 우리는 걱정과 불안을 지우기 위해 편향_deflection_을 씁니다. 편향이란 상황에 압도당하지 않기 위해 감각을 둔화해 회피하는 것을 뜻합니다.

편향하다 보면 부정적인 감정도 덜 느끼게 되지만 긍정적인 감정도 차단되어 삶이 무기력해지고 맙니다. 그러니 때로는 내가 살아 있다는 흥분과 생기에 스스로를 열어놓을 필요가 있습니다. 맛있는 걸 먹으면 "아, 맛나다! 캬!" 하고 입맛도 다시고, 멋진 풍경을 보면 "와, 진짜 최고다! 멋져!" 하고 호들갑도 떨어보는 거지요.

우리 무의식에는 어린 시절의 아픔과 상처, 기쁨과 행복을 고스란히 간직하고 있는 내면 아이_inner child_가 살아 숨쉽니다. 내면 아이는 융의 '원형_archetype_'에서 비롯된 개념인데, 여기서 원형이란 개인의 행동과 동기에 영향을 미치는 무의식적 구조를 뜻합니다. 숨겨진 내면 아이의 욕구와 갈망, 희망과 슬픔을 충분히 이해해주었을 때 비로소 그 아이는 해방되어 성인인 나 자신의 에너지원이 되어준다는 것이죠.

'내면 아이 찾기' 프로그램을 진행할 때 '일상의 엉뚱한 아이디어 내놓기' 섹션을 넣는 것도, 내면 아이의 생기발랄함을 일깨우고 싶었기 때문입니다. 목표에만 몰두해온 나머지 오로지 실용적인 것, 돈이 되는 것, 해야만 하는 것에 사로잡혀 있었다면 잠시라도 그러한 제약에서 벗어나 아이와 같은 마음으로 자유롭게 아이디어를 풀어놓을 필요가 있습니다.

예를 들어 프로그램 참여자 중에 '조금 특별한 생일 선물'을 기획한 경우가 있었습니다. 가족 생일날 동네 놀이터 철봉 밑에 쪽지 하나를 숨겨둡니다. 그 쪽지를 펴보면 어느 공원 나무 밑을 파보라는 말이 적혀 있죠. 파보면 무슨 역 보관함을 열어보라는 쪽지가 있어 확인해보면 준비한 선물이 있습니다. 상대가 귀찮아하면서도 은근 좋아했다고 합니다. 선물을 찾는 동선이 하나의 놀이가 되고 추억도 된 셈이죠.

이외에도 다양한 사례가 있습니다. 전국 왕릉을 찾아다니며 그 앞에 앉아 좋아하는 시를 읽겠다, 지하철을 타고 한 번도 가보지 않은 생소한 역에 내려 동네 구경을 하다가 이끌리는 식당에 들어가 밥 한 끼를 먹겠다, 큰 도화지를 사서 벽에 붙여 놓고 심심할 때마다 떠오르는 생각을 그림으로 그리겠다, 연차를 내고 나만의 3박 4일 영화제를 개최하겠다, 무지 티셔츠에 친구들과 여행 갔던 사진을 프린트해 다음 여행 때 나누어 주겠다 등 각자 나름대로 재미있는 아이디어를 꺼내놓습니다.

미국의 심리학자 에이브러햄 매슬로Abraham Harold Maslow는

"평범하고, 상식적이고, 적응 잘하는 모습 이면에는 깊은 내면에 존재하는 인간 본성의 상당 부분을 지속적으로, 그리고 성공적으로 억제한 모습이 있다"고 했습니다. 현실에 적응하려면 사람은 어느 정도 분열될 수밖에 없다는 것이죠. 하지만 내면 아이가 가진 순수한 에너지 속에는 무궁무진한 창의력, 서로 사랑을 주고받을 수 있는 열정이 숨 쉬고 있습니다.

갓 결혼한 친구 부부가 "같이 살면서 왜 점점 서로에게 아이 같이 변했는지 모르겠다"고 하는데, 상대에게 아이다운 자기 민낯으로 돌아갈 수 있다는 것, 그건 상대를 깊이 신뢰하고 있기에 가능한 일입니다. 밖에서 힘든 사회생활을 하고 돌아온 사람이 사랑하는 사람에게 자기의 연한 민낯을 보이는 건 자연스러운 일이 아닐까요?

때로는 아이로 돌아가는 퇴행을 자연스럽게 받아들일 필요가 있습니다. 사람이 어떻게 24시간 365일 어른일 수 있겠어요.

억압된 착한 아이에서 벗어나기

'억압된 내면 아이'로 인해 자신의 욕구가 무엇인지, 자신이 진정으로 무엇을 원하는지 잘 모르겠다고 하는 경우도 많습니다. 모범생이거나, 성취 지향적인 스타일이 거나,

착한 아이 콤플렉스가 있는 경우가 그렇습니다. 특히 착한 아이 콤플렉스는 어린 시절 떼쓰며 자신의 욕구를 활발하게 표현하고 싶었지만 엄마가 마음 아파할까 봐 꾹 누르며 성장해온 경우에 갖게 됩니다.

자신이 억누른 지점을 타인이 적극적으로 표현하면 마음이 불편해지기도 합니다. 예를 들어 나도 어떤 것에 도전하고 싶었지만, 다른 사람의 기회를 빼앗는 것 같아 표현을 못하고 있는데, "제가 해보겠습니다"라고 분명하게 자신의 욕구와 의사를 말하는 사람을 보면 화가 나기도 합니다. 나도 어떤 물건을 갖고 싶지만 어쩐지 내 욕구를 드러내는 게 쑥스러워 참고 있는데, 애교 섞인 말투로 "제가 갖고 싶어요. 제가 가질게요"라고 말하며 가져가는 사람을 보면 '나는 잘 참았는데, 왜 저래?' 하고 불쾌해지기도 하고요.

A는 아이가 숙제를 하지 않은 채 집에서 놀고 있으면 화가 솟구쳤습니다. A의 내면 아이는 어려운 환경 속에서 제대로 어리광도 피워보지 못하고 열심히 공부했는데, 내 자식은 좋은 환경 속에서도 나태하게 놀고 있으니 그걸 보는 게 힘들었던 거죠. '난 놀고 싶어도, 참았단 말이야. 그런데 넌 왜 그런 거야?'라는 당신 내면 아이의 분노 때문에 아이에게 분노를 폭발시킬 때가 많았습니다. 아이 때문에 힘들어하는 경우, 아이 문제도 있지만 그 뒷배경에는 자기 내면의 문제가 자리한 경우가 많습니다. 아이에 대한 걱정 뒤에는 사실 부모의 내면 아이가 갖는 불안과 분노가 잠재되

어 있는 거죠.

'나 착한 아이 하기 싫어!'라고 외치는 내면 아이의 억압된 마음을 읽어줄 필요가 있습니다. 내면 아이의 욕구를 읽고 마음 깊이 토닥여주면, 그 아이는 삶의 생동감과 에너지가 되어 나에게 산들바람 같은 존재가 되어줄 겁니다.

내면 아이에게 뽀뽀해주기

다른 사람 눈에는 괜찮은데, 나를 불편하게 하는 것이 있다면 내면 아이에게 한번 물어보세요. '넌 어때? 혹시 불편하다면 어떤 점이 불편해? 네가 바랐던 건 뭐야?' 하고요.

한 세미나에서 초등학교 5학년 때 담임과 외모가 닮은 사람을 만났을 때, 마음 안에서 묘한 불편함이 밀려온 적이 있습니다. 당시에 담임은 학부모에게도 이것저것 학급 일로 요구하는 것이 많았는데, 저희 어머니는 허리디스크로 병원에 입원해 있어 자모회에 참석하지 못하셨죠. 그런데 하루는 담임이 "너는 반장이면 뭐 하냐. 너희 어머니는 학교에도 못 오는데, 이제부터 차렷 경례는 부반장이 해"라고 하셨습니다. 이뿐 아니라 당시 담임으로부터 받은 멸시가 많았습니다. 그때의 내면 아이를 불러낸 뒤 '그랬구나. 너참 억울하고 서운했겠다. 그래도 엄마가 입원해 있었는데도, 아침에 밥 잘 챙겨 먹고 씩씩하게 학교 다닌 게 대견해'

하고 꼭 안아주었습니다.

마음 안에 웅크린 채 울고 있는 아이가 느껴질 때는 '넌 참 괜찮은 아이야'라고 말해주세요. 그때 네가 왜 그랬는지 이해한다고요. 그 아이가 당시에 그토록 원했던 것이 있다면 인정해주고, 선물도 해주세요. 많이 사랑한다고, 이제는 그렇게 내버려두지 않을 거라고 꼭 안아주세요. 무엇보다 내면 아이가 꿈꿔온 것, 하고 싶었던 것이 있다면 잠재력을 펼칠 수 있도록 너무 늦었다고 생각하지 말고 지원해주세요.

정신분석가 에리히 프롬Erich Pinchas Fromm과 카렌 호나이Karen Horney에 따르면 내면 아이의 잠재력이 숨겨진 채 꺾여 있으면 '신경증'이 발생합니다. 어렸을 때부터 내가 잘해온 일이나 시간 가는 줄 모르고 신나게 몰두했던 일이 있으면 다시 물을 주어 꽃피워보세요. 프로가 되지 않아도 괜찮습니다. 일상에서 틈을 내어 해보는 것만으로도 내면 아이의 춤은 다시 시작될 수 있으니까요.

오늘은 내면 아이를 만나 다정하게 눈 맞추고 함께 여행을 떠나보면 어떨까요?

○ 내 안의 소년, 소녀가 가졌던 생기에 대해 생각해보세요.
  어렸을 때 내가 좋아하고 잘했던 것은 무엇이었나요?

○ 어린 시절에 느꼈던 생기를 현재에도 다시 경험할 수 있는 방법은 무엇
  이 있나요?

예 | 어릴 때 주변 사람들을 잘 웃겨서 개그맨이 되고 싶었는데,
    지금은 잘 안 웃는 사람이 되었다. 유튜브나 팟캐스트로 웃긴 방송을 해봐야겠다.
    유치원에 다닐 때부터 예쁘게 입는 것을 좋아했는데, 색감을 잘 매치해서
    옷을 코디한 다음 블로그에 패션 팁을 남겨봐야겠다.

○ 어린 시절 갖고 싶었던 것, 해보고 싶었던 것은
　 무엇이었나요? 그때의 나를 꼭 안아주며 선물해주세요.

감정 속
숨은 욕구를 찾아서

'나에게 우산 같은 존재가 있으면 좋겠다. 비가 올 때나, 태풍이 불 때나 든든한 바람막이 되어주는⋯⋯.' 지친 날이면 누구나 이런 생각을 하기 마련입니다.

정신분석가 하인츠 코헛Heinz Kohut은 사람은 자신을 있는 그대로 바라봐주고 따뜻하게 나를 비추어주는 '자기대상'을 필요로 한다고 말합니다. 이렇게 나를 받쳐주는 존재에 대한 갈망은 평생 계속됩니다. 이러한 욕구는 근원적 존재에 대한 그리움으로 이어지는데요. 그 밑둥에는 내 감정을 읽어주는 존재에 대한 열망이 있습니다. 특히 어릴 때 부모로부터 내 감정을 충분히 수용받지 못한 경우에는 자신을 억압하는 경우가 많습니다. 예를 들어 "엄마. 나 힘들어. 무서워. 두려워"라고 했을 때 "뭐가 그렇게 힘들어? 엄마도 힘들어. 그만해. 듣기 싫어" 이렇게 부정적 감정을 차단당

하면, '그래, 부정적 이야기는 이제 하지 말자. 말해서 좋을 게 없지' 하고 아이는 입을 닫아버립니다.

긍정적 감정 역시 마찬가지입니다. 예를 들어 "나 오늘 학교에서 1등 했어. 선생님한테 칭찬받았어"라고 했을 때 "자만하면 안 돼. 다음에도 잘해야 실망 안 하지"처럼 기쁜 마음을 전혀 공감받지 못했다면 좋은 일이 생겨도 바로 억압해버리기 쉽습니다.

"오늘은 왜 화가 났니? 무슨 일 있었어?", "아, 그런 일이 있었구나. 속상했겠다", "와 그랬구나. 참 잘했다. 멋져"와 같이 내 감정을 읽어주는 자기대상이 있었던 아이들은 살면서 어렵고 힘든 일이 있어도 쉽게 무너지지 않습니다.

그러나 그런 환경에서 성장했더라도 어른이 되면 내 마음을 읽어주는 사람들이 줄어듭니다. 부모는 연로해질수록 보살펴드려야 하는 존재가 됩니다. 직장은 이해관계로 이뤄져 있기 때문에 처리해야 할 일 외에 감정을 드러내기란 어렵지요. 배우자나 연인, 친구에게 어려움을 토로해봐도 상대가 심리적으로 유연한 상태라면 내 마음을 읽어주겠지만, 상대도 많이 지쳐 있다면 "좀 그만해. 바쁘니까 나중에 이야기해" 하며 밀어내거나 제대로 듣지 않을 겁니다. 도리어 자신의 이야기로 화제 전환을 하는 경우도 흔하죠.

그럴 때면 마음의 벽이 생겨 외롭고 공허해집니다. 하지만 나 자신과 연결성이 생기면 자신의 목소리가 들리기 시작합니다. 설사 타인에게 받아들여지지 않아도 내 감정을 충분히 읽어주면 막혀 있던 감정의 물꼬가 열립니다. '아 그래서 슬펐구나. 화가 났구나', '그런 기대가 있어 실망하고 아팠구나', '그래도 이런 점은 참 다행이네. 감사하다'처럼 올라오는 자신의 감정만 알아차려도 몸이 부드러워집니다.

빌헬름 라이히Wilhelm Reich는 우리 감정이 자연스럽게 흘러가지 못하면 신체적 긴장으로 뭉치고, 이는 억압된 에너지로 자리매김해 각종 신체적 질병의 원인이 된다고 말합니다. 반면 자신의 감정적 목소리가 스스로에게 충분히 전달되면 몸이 유연해지면서 에너지 흐름도 자연스러워집니다.

색깔을 통해 내 감정을 알아차려 보기도 하는데요. 프로그램을 진행할 때, '색깔별 감정 알아차리기'를 통해 내 감정을 이해해보기도 합니다. 구성원 중 한 명이 자신의 눈에 들어온 색을 고르면, 다른 구성원도 그 색에 대한 자신의 느낌과 그렇게 느낀 이유에 대해 말합니다. 같은 색을 보더라도 각자 느끼는 감정이 다르지요. 다른 구성원의 이야기를 듣다 보면 추가로 올라오는 감정이 있습니다. 이에 따라 다른 색을 덧칠하기도 합니다. 예를 들어 처음에는 파란색에서 슬픔을 느꼈지만, 그 안에 숨어 있던 기대와 사랑을 발견하고 분홍색을 덧칠하는 경우도 있습니다. 어떤 이는 파란색에서 도전과 열정을 느꼈지만 문득 '내가 잘할 수 있을까?'라는 두려움에 회색을 군데군데 덧칠하기도 합니다. 그러다 '처음부터 잘하지 않아도, 일단 해보자'라는 마음에 초록색으로 바꿔 칠하기도 합니다. 이처럼 우리 감정은 복합적인 실타래처럼 꼬여 있는 경우가 많습니다. 기대하지만 두렵기도 합니다. 안도를 느끼지만 그 안에 괘씸함이 숨어 있기도 하고, 사실은 서운해서 화가 나기도 하고, 홀가분하지만 미련이 남기도 합니다. 이렇게 내면에서 올라오는 다양한 감정을 알아차리고 이해해줄 때, 분열되어 있던 마음이 하나로 모이면서 힘이 생깁니다.

슬픔은 섬세한 나침판

"슬픔은 후진하는 차 같아/ 내 마음을 후퇴하게 해/ 슬픔은 나를 아끼는 친구/ 애썼다고 토닥토닥/ 옆에서 같이 기도해" 내담자 P의 시를 읽고 슬픔이라는 감정을 찬찬히 들여다본 적이 있습니다. P는 자신의 슬픔에 다정하게 귀 기울이고 있었습니다. 만약 이 친구가 슬픔을 느끼지 않으려고 애썼다면 우울의 늪에서 빠져나오는 데 더 오랜 시간이 걸렸을지도 모릅니다. 슬픔이 말을 걸어오는 이유를 헤아려주었기에 이제는 다룰 만한 친구처럼 여기며 지낼 수 있는 것이죠.

우리는 부정적인 감정을 느낄 때 마음이 불편해서 회피하려고 하는데, 카레나 레페르트Karena Leppert에 따르면 회복탄력성이 강한 사람들은 자신의 부정적인 감정을 기꺼이 받아들이고 대처한다는 공통점이 있었습니다. 즉 이들은 긍정적 감정만을 골라 느끼는 게 아니라 부정적 감정도 골고루 느꼈으며, 보다 통합된 자기 안에서 자신이 할 수 있는 일에 집중했습니다.

자신의 감정을 느끼지 않으려고 애쓸수록 더 심하게 감정을 느낄 뿐만 아니라, 전에는 중도적 감정에 머물던 일에 대해서도 부정적 감정의 필터가 덧씌워져 고통받기도 합니다. 올라오는 부정적 감정을 있는 그대로 수용해주고, 이 녀석이 도대체 무엇을 말하려고 내 소맷자락을 이렇게 잡아당기는 것일까, 알고 보면 이 녀석도 내 편인데, 라는 마음으로 알아차릴 때, 그 상황에 지혜롭게 대처할 수 있게 되고, 부정적 감정으로부터 헤어나올 수 있습니다.

부정적 감정은 상황을 신중하게 보게 해, 정말 중요한 선택을 할 때 도움이 되기도 합니다.[8] 기분이 들떠 있을 때는 어떤 정보를 받아들일 경우 주변 경로peripheral route에 반응합니다. 예를 들어 제품의 실용성보다는 부풀려진 광고, 정치인의 정책보다는 잘생긴 얼굴 등 피상적 요인에 더 영향 받습니다. 반면 적절한 강도의 부정적 기분은 주의 깊은 분석을 촉진합니다. 정보를 받아들일 때 진정 무엇이 중요하고 필요한지에 입각해보는 중심 경로central route에 반응하는 거죠. 신중하게 근거와 논리를 살펴보기 때문에 겉치레에 덜 휘둘립니다.

이처럼 적절한 강도의 부정적 감정은 우리를 보호하고, 내면에 섬세한 나침판과 같은 구실을 합니다. 다만, 밀고 나가는 힘은 긍정적 감정으로부터 나옵니다. 따라서 선택할 때는 부정적 감정의 신중함이, 일단 선택한 것에 대해서는 긍정적 감정이 추진하는 데 도움이 됩니다.

감정 속 숨은 욕구를 찾아서

살다 보면 '왠지 이건 아닌 거 같은데……'라는 생각이 들 때가 있지 않나요? 뇌가 정보를 받아들일 때 신피질(합리적이고 분석적인 사고 담당)로 가면 시간이 걸리므로 지름길을 하나 만들어두었는데, 그게 바로 '편도체'입니다. 이 편도체에서 감정이 만들어지거든요. 그러니까 판단을 하기 전에 어떤 느낌이 삭 스쳤다면? 그 감정은 무시할 수 없는 시그널인 셈입니다.

우리의 욕구는 감정과 밀접한 관련이 있습니다. 우리는 감정을 통해 욕구를 자각하거든요. 내 감정과 연결이 끊어지면 내가 진정으로 뭘 원하는지 잘 모릅니다. 예를 들어 오늘 회사에서 힘든 일이 있었습니다. 하지만 그 마음을 꾹 누르고 퇴근합니다. 그러다 평소에는 별생각 없이 지나치던 목걸이가 눈에 들어옵니다. 갑자기 뭔가에 홀린 듯 사버리고 맙니다. 사실 저 목걸이를 사서라도 스트레스를 풀고 싶었던 겁니다.

하지만 자신의 감정과 충분히 연결되어 있으면 표면적

인 욕구(목걸이)가 아닌, 진짜 내 욕구와 만날 수 있습니다. '오늘 이러저러한 일이 있어서 화가 났구나, 누구라도 그런 상황에서는 충분히 그런 감정을 느낄 수 있지. 사실 나는 ○○하고 싶었는데, 앞으로는 이런 점을 보완해서 ○○하고 싶다'라고 자신의 진짜 욕구를 알아차리게 되면, 더는 엉뚱한 목표를 향해 해소용 화살을 쏘지 않습니다.

감정은 무엇인가를 변화시키려는 의도를 갖고 있습니다. 우울한 데는 우울한 이유가 있고, 화가 나는 데는 화가 나는 이유가 있죠. 그 안에는 어떤 메시지가 숨어 있습니다. 예를 들어 우울하다면, 이때 우울함은 나에게 어떤 메시지를 보내는 것일까요? '나도 활력 있게 살고 싶어. 이렇게 웅크리고 있지 말고 좀 움직여보자' 같은 시그널일 수도 있습니다. 그런데 이를 무시하고 '아, 우울하다. 우울해…… 게임이나 하자'처럼 결국 회피해버리면 당장은 해소되는 것 같지만, 게임을 하면서도 우울은 계속됩니다.

그림을 잘 그리는 친구에게 질투가 납니다. 이때 '질투'라는 감정은 이런 메시지를 담고 있을 수 있습니다. '나도 그림을 잘 그렸잖아. 틈틈이 그림을 그려서 SNS에라도 올려보는 건 어때?' 그런데 이런 내적 시그널을 무시하고 '아…… 질투가 나. 난 바보인가 봐. 다 필요 없어. 구제불능. 술이나 마시자' 이렇게 회피하면 무의식적 그림자만 짙어져 삶이 무기력해집니다.

모든 감정에는 긍정적 의도가 있습니다. 아무리 이해

할 수 없는 감정일지라도, 그 마음에는 나를 살리고자 하는 어떤 긍정적 의도가 숨어 있거든요. 그 감정에 감사를 보내고, 숨은 메시지를 꺼내 내 삶의 생기를 되찾아보는 건 어떨까요?

감정 단어 목록

걱정스럽다	막막하다	서럽다	어색하다	지루하다
곤란하다	못마땅하다	서운하다	어이없다	짜증나다
괘씸하다	무섭다	속상하다	억울하다	창피하다
괴롭다	무안하다	슬프다	외롭다	허무하다
귀찮다	분하다	실망스럽다	우울하다	허전하다
난처하다	불만스럽다	약 오르다	원망스럽다	혼란스럽다
답답하다	불안하다	얄밉다	원통하다	후회스럽다
두렵다	불편하다	민망하다	조급하다	화나다
긴장하다	당황스럽다	부끄럽다	샘나다	힘들다
마음이 아프다	떨리다	자신감 있다	안타깝다	활기 있다
가엾다	미안하다	뿌듯하다	유쾌하다	통쾌하다
기대하다	든든하다	사랑스럽다	다정하다	행복하다
간절하다	만족스럽다	생기 있다	다행스럽다	흥미롭다
감격스럽다	편안하다	상쾌하다	자랑스럽다	홀가분하다
감사하다	반갑다	설레다	자유롭다	후련하다
고맙다	벅차다	시원하다	재미있다	흐뭇하다
기쁘다	부럽다	신나다	즐겁다	흡족하다
놀랍다	열중하다	안정되다	짜릿하다	황홀하다

O 나의 감정을 통해 체크해보기

1. 지금 이 순간, 내 감정은 어떤가요? 앞장의 감정 단어 목록에서 찾아보세요.

2. 이 감정 속에 숨은 "나를 살리고 싶은 긍정적 욕구"는 무엇인가요?

'나는 _____ 을/를 하고 싶다. / 사실 나는 _____을/를 하고 싶었다'로 알아차려보세요.

3. 오늘 하루, 어떠한 기분으로 보내고 싶은가요?

4. 이러한 기분을 느끼게 해주는 일상 속 태도와 행동은 무엇인가요?

자기연결감을 돕는
심리적 근육 키우기

우리는 그동안 자신이 잘못한 것,
아쉬운 지점에 대해서는 알아도 충분히 잘해온 것,
그럼에도 불구하고 고군분투했던 순간,
일상을 지켜내기 위해 애썼던 시간에 대해서는 잘 알아차리지 못합니다.
2장에서는 자기 긍정성을 강화할 수 있는 지점을 되새겨봄으로써
심리적 근육을 탄탄하게 해 자기연결감을 돕는 과정을 함께합니다.

긍정적 지점과의
연결성

한 기타리스트를 인터뷰한 적이 있습니다. 그는 연주할 때 자신을 아주 기쁘게 바라봐주는 관객에게 집중한다고 했습니다. 많은 사람이 즐겁게 연주를 들어도, 하품하거나 무표정하게 바라보는 한 명의 청중에게 꽂히면 그날의 연주는 신이 나지 않기 때문이라고요.

스펙이 뛰어난 것도, 훤칠한 미남도 아닌데, 소개팅만 나가면 성공하는 지인이 있었어요. 그에게 비법을 물으니, 이렇게 말했습니다. "난 나를 찬 여자들 말고, 나를 엄청 좋아해준 한 명을 떠올리며 소개팅에 임하거든."

두 사람은 모두 삶의 긍정적 지점과 자신을 연결 짓는 능력이 탁월한 것이죠. 부정적 지점과 자신을 자꾸 연결 지으면 있던 자신감도 달아나거든요.

"내가 원하는 방향으로 질문하라"는 말은 이런 맥락에

서 나온 것입니다. "너는 ○○의 장점이 뭐라고 생각해?"라는 질문을 받았다면, 별로 안 좋아하는 사람일지라도 잠시 ○○의 장점에 대해 생각해보게 됩니다. 반대로 단점을 묻는다면 좋아하는 사람일지라도 ○○의 단점에 대해 떠올려보게 되죠. 중립적 질문은 애당초 존재하기 어렵습니다.

스스로에게도 마찬가지입니다. '내가 못 가진 게 뭘까?', '다른 사람은 괜찮은데, 나한테만 닥친 어려움은 뭘까?', '앞으로도 못하겠지?' 이렇게 묻기 시작하면 점점 자신의 불행에만 초점을 맞추게 됩니다. 반면, '다른 사람들도 나름의 어려움이 있겠지?', '작은 것이라도 내가 성취한 것은 뭘까?', '~라도 있어서 참 다행인 것은?', '살면서 나에게 일어난 좋은 일은?' 이와 같이 긍정의 질문을 던지면 자기효능감self-efficacy이 높아집니다.

자기효능감이란 어떤 상황을 맞닥뜨렸을 때 내가 능히 해낼 수 있다고 믿는 자신감을 뜻하는데요. 자기효능감은 생리적으로도 측정 가능합니다. 건강심리학자 랄프 슈바르처Ralph Schwarzer에 따르면 어려움이 닥쳐도 자기효능감이 높으면 심박수와 혈압이 안정되어 문제해결력도 높았지만, 자기효능감이 낮으면 어떤 일을 해보기도 전에 자신의 부정적 지점에 압도되는 경향이 높았습니다.

부정적 지점만 눈에 쏙 들어오는 이유는?

집단 상담 프로그램을 진행할 때였습니다. A가 "전 대학 시절을 날렸어요. 맨날 게임하고, 친구들이랑 노느라 공부도 제대로 못하고, 아르바이트 경험도 없거든요. 돌아보면 자괴감만 들어요." 그런데 B는 이렇게 말했습니다. "남들은 취업 준비다, 뭐다 하면서 열심히 살 때, 저도 시간을 물 쓰듯이 쓰면서 놀았어요. 그런데 어차피 취직해 사회생활을 하다 보면 인생에서 그렇게 마음껏 놀 수 있는 시기도 드물지 않나요?" 그러자 옆에 있던 C는 또 이렇게 말했죠. "맞아요. 전 대학 시절을 떠올리면 서글퍼요. 아르바이트하랴, 공부하랴, 제대로 놀아본 적이 없거든요. 돌아보면 제가 너무 불쌍한 것 같아요. 제대로 쉬어보거나 즐기지 못해서……." 그러자 D는 "저도 대학 때 낭만이고 뭐고, 하루 살기 바빠서 너무 힘들었어요. 그런데 그 시절을 돌아보면 어떻게든 시간을 쪼개서 공부하려고 애썼고, 무사히 졸업도 했죠. 무엇보다 일찍 산전수전을 겪었더니 웬만한 일은 커버 가능합니다. 어떤 면에서는 제 자신에게 고마워요. 이제부터 못 해준 거 스스로한테 해주면 되죠."

비슷한 상황 속에서도 관점은 모두 달랐습니다. 성격검사를 해보니 A와 C의 신경성 수치가 높게 나왔습니다. 신경성 수치가 높으면 같은 상황을 겪어도 유독 마음을 불편하게 하는 것들이나 부정적 측면이 눈에 더 잘 들어옵니다.

같은 상황에서도 무례한 사람들, 잘못된 지점들, 불편한 공기 같은 것을 잘 캐치합니다.

신경심리학자들은 말합니다. 신경성 수치가 높을수록 부정적 지점에 유독 예민한 센서가 발달해 상처를 잘 받지만, 높은 신경성이 잘 발휘되면 불편한 지점을 개선하는 혁신가나 타인의 생각과 감정을 잘 읽어내고 표현하는 예술가가 되기도 한다고요.

신경성에는 동기를 유발하는 이점motivational advantages도 숨어 있습니다. 즉 신경성 수치가 높은 사람은 실패를 두려워하기 때문에 더 열심히 노력하는 경향이 있다는 말이죠. 사고력을 요하는 직업에서는 신경성 수치가 오히려 성공과 상관관계가 높습니다. 하지만 신경성 수치가 지나치게 높으면 이미 잘하고 있는 것, 내가 잘할 수 있는 것, 앞으로 나아질 지점에 대해 제대로 보지 못합니다. 무엇보다 행복은 주관적이어서 어떤 사람은 단 돈 만 원이 있어도, '와, 이 돈으로 짜장면 한 그릇 사 먹거나, 얇은 시집 한 권 사 볼 수 있겠네'라고 행복해하지만 어떤 사람은 '고작 만 원을 어디다 써? 영화 한 편도 못 보는 돈이네'라며 한숨을 쉽니다. 이런 사고 패턴이 강화되면, 상황을 항상 부정적으로 보는 뇌의 신경회로가 습관처럼 활성화됩니다.

현재 내가 얼마나 행복한지 살펴보면, 몇 년 뒤 내가 얼마나 행복할지 알 수 있습니다.[1] 설사 미래에 내가 바라는 것이 실현되더라도, 신경성이 높은 사람은 행복도가 크게 향상되지 않습니다. 그 상황에서 또 다른 비관적인 면을 보기 때문입니다.

나의 가장 좋은 지점에 닻 내리기

삶의 질을 높이려면 자신이나 타인의 장점을 먼저 보려는 인지적 전환이 필요합니다. 스트레스를 받으면 나 자신이든 타인이든 이상한 지점은 너무 잘 보이는데, 이미 잘하고 있는 점에 대해서는 잘 보지 못하거든요.

스트레스를 잘 관리해 기분을 전환할 줄 아는 사람들은 자신만의 노트를 갖고 있는 경우가 많습니다. 내가 어떻게 해서 과거에 그런 좋은 결과를 얻었는지 떠올려 아주 작은 성취일지라도 그 요인을 리스트화해서 써놓거나, 나의 롤모델, 행복했던 추억, 날 믿어준 사람, 고마운 점, 재밌었던 추억 등 기분을 전환할 수 있는 이미지와 나를 격려하는 언어를 노트에 정리해 기억하려고 합니다.

이런 작업들은 비바람이 치는 청회색의 정서적 배경지를 좀더 성공적인 시점이나 안정감을 느끼는 장소 및 사람들로 전환하는 효과가 있습니다. 이렇게 내 안의 가장 좋은 지점과 만나다 보면 심리적 든든함을 느낄 수 있습니다.

타인을 바라볼 때도 그렇습니다. 타인의 결점만 생각하기 시작하면 점점 더 부정적인 지점만 보입니다. 헤어지지 않는 부부와 오래 교제하는 연인의 비결이 뭔지 아시나요? 심리학자 존 가트맨John Gottman이 수천 커플을 연구한 결과, 상대의 강점을 찾아내고, 그 지점에 물을 주고 열매 맺게끔 응원하는 커플은 헤어지지 않았습니다.

나 자신과의 관계에서도 마찬가지입니다. 긍정적 지점과 나 자신을 연결해보세요. 이때 생겨난 자기효능감은 내적 힘이 되어 어려움 속에서도 나를 든든하게 받쳐줄 것입니다.

O 긍정적 경험과의 연결성 찾기

1. 살면서 나에게 일어난 좋은 일 세 가지가 있다면 무엇인가요?

2. 그 세 가지 일에 공통점이 있다면 무엇인가요?

3. 그 좋은 일들이 현재에 어떤 영향을 주고 있나요?

4. 매일 나 자신을 위해 좋은 일을 한 가지 한다면 무엇을 할 수 있을까요?

5. 어떤 문제에 처했을 때, 예전과 다른 방식으로 해서 나아졌던 경험이 있
   나요?

6. 과거의 내가 지금의 나를 보면, '오, 이건 생각지도 못했는데 이루었네!'
   라고 할 만한 점이 있을까요?

어떻게
여기까지 왔을까?

외근을 나갔다가 사회 초년생일 때 다니던 회사 건물을 보았습니다. 그러자 그때의 일들이 필름처럼 스쳐 지나갔죠. 상사는 개인적인 스트레스를 부하 직원에게 풀곤 했는데, 하루는 제가 당첨됐습니다. 그날 서러워서 회사 문을 박차고 주위를 배회하는데 낯익은 얼굴을 마주쳤습니다. 연락이 끊겼던 대학 선배였습니다. 알고 보니 옆 건물에서 근무하고 있었죠. 이후 종종 선배와 점심에 만나 밥을 먹고 커피를 마시던 짧은 시간은 당시 힘든 나날을 버티게 해주었습니다.

일상의 오아시스가 된 존재가 또 있었습니다. 회사 근처 주택에 살던 절 좋아해준 강아지였습니다. 산책하다가 손을 흔들어주면 쏜살같이 달려와 대문 밑에 코를 박은 채 얼굴을 들이밀고 꼬리를 흔들던 모습이 아직도 눈에 선합니다. 울적한 날에는 5분이라도 그 녀석 얼굴을 보면 힐링이 되곤 했죠.

무례한 인터뷰이를 만나 마음에 상처를 입은 날에는 일을 그만두고 싶은 마음도 들었지만, 그럴 때면 모아둔 독자 엽서를 읽으며 나름의 의미를 찾으며 버티기도 했습니다. 내가 쓴 인물 기사를 통해 사람들이 이렇게 힘을 얻기도 하는구나, 단 한 문장에서라도 삶의 의미를 발견하고 작은 기쁨을 느낀다면 감사한 일이지, 하고요. 그래도 버티기 힘든 날에는 하루치 급여를 좋아하는 냉면값으로 환산해보기도 했습니다. 오늘 이렇게 버텼으니 나는 이만큼의 냉면 그릇 수만큼 밥벌이를 했구나, 하고 스스로를 격려했지요.

이처럼 스트레스를 받는 상황에서도 의미를 찾고, 나에게 유리한 방향으로 재해석해보는 것은 심리적 근육을 강화하는 데 도움이 됩니다. 실제로 회복탄력성이 높은 이들은 부정적 상황 속에서도 그 안에 숨어 있는 긍정적 이점에 대해 자주 생각하는 것으로 나타났습니다.[2]

나만의 의미 찾기

한 연구에[3] 의하면 무의미하다고 느끼는 일 속에서도 나름의 의미를 포착해 즐기면 정신뿐만 아니라, 우리의 몸도 더 건강해졌습니다.

호텔의 객실을 청소하던 직원들은 하루에 열다섯 개 정도의 방을 반복적으로 쓸고 닦는 일에 지쳐 있었습니다. 방 하나를 청소하는 데 최소 20~30분은 걸렸고, 자신이 진정으로 원하는 일이 아니라는 생각에 하루를 그저 버틸 뿐이어서 삶의 질도 떨어져 있었죠.

　　연구자들은 이들을 두 그룹으로 나누어 한 그룹에게는 아무런 정보도 주지 않았고, 다른 그룹에게는 따로 시간을 내어 운동하지 않아도, 객실을 청소하는 일이 운동 효과가 있어 건강에 도움이 될 뿐 아니라 생활 습관에도 긍정적인 영향을 준다는 점을 알려주었습니다. 4주 뒤, 후자는 전자보다 체중과 체지방이 줄고, 혈압도 떨어져 있었죠. 스트레스를 받는 상황에서 그 일이 갖는 의미와 효능을 인지한 것만으로도 신체적 변화가 생겼던 것입니다.

　　똑같은 경험이더라도 어떻게 받아들이고 해석하느냐에 따라 삶의 질은 달라집니다. 자아가 '자동차'라면 해석하는 방식은 차로 누비는 '도로'인데, 긍정적 정보 처리 루트가 발달한 사람들은 습관적으로 '내가 이 일을 통해 뭘 배웠지?', '그래도 얻는 건 뭐지?', '앞으로 어떻게 보완하면 될까?' 등 스스로를 긍정화하는 신경 회로를 타는 것에 습관화되어 있었습니다.

　　반면 부정적 정보 처리 루트가 발달한 사람들은 '그럼 그렇지. 이번에도 그랬네', '달라질 건 없어' 등과 같은 식으로 자신을 제한합니다. 뇌과학자들은 자신이 잘 쓰는 정보

처리 루트에 따라 신경이 발달한다고 보는데요. 한 가지 반가운 점은 우리의 사고 회로는 고정된 것이 아니라 변화할 수 있는 신경가소성neuroplasticity을 갖고 있기 때문에 '어, 내가 또 부정적 도로를 타려고 하네' 하고 알아차린다면 습관적 생각 패턴에서 빠져나올 수 있습니다.

어떻게 여기까지 왔을까?

내가 그리는 미래의 관점에서 본다면 현재가 초라하게 느껴질 수 있습니다. 하지만 과거 힘들었던 상황 속에서도 여기까지 걸어온 길을 돌아보면 자신을 위해 노력했던 지점들이 보일 겁니다. 그때는 성취할 수 있을지 몰랐던 일이 이제 와 보면 이룬 것도 있고요. 무조건 안 풀렸다고만 생각했는데, 때로는 운이 작용해서 예상 외로 잘 풀린 일도 분명히 있습니다.

힘들 때 나를 붙잡아주었던 끈도 있죠. 그것이 누군가에게는 가족일 수도, 종교일 수도, 믿어준 사람일 수도, 내가 좋아한 것일 수도, 나만의 꿈이었을 수도 있습니다. 그리고 그 덕분에 버틸 수 있었는지도 모릅니다. 저는 이런 지점을 '마음의 방파제'라고 부르는데요. 자신만의 방파제를 찾는 프로그램을 진행하다 보면 어려운 상황 속에서도 심리적 보루가 되었던 지점이 밑그림으로 드러납니다.

A는 독서실에서 공부를 마친 뒤, 달을 보며 집에 가던 길이 그렇게 행복했다고 말했습니다. 몸은 힘들어도 꿈이 있어 마음이 든든했다고요. B는 가족이 아파 병원과 회사를 오가면서도 중간에 숲속 공원을 걸으며 마음을 다잡던 시간이 있어 그 시절을 무사히 건너왔다고 말했습니다. C는 출퇴근길에 들었던 강의가 마음의 단비가 되어주었다고 했고, D는 까다로운 클라이언트를 만난 날에는 퇴근길에 액세서리 숍에 들러 예쁜 귀고리를 사 모으며 기분을 전환했다고 말했습니다. E는 자기 전에 일기를 쓰며 하루를 정리하던 시간이 있어 힘든 시간을 버텼다고 했고요.

이런 이야기들을 들어보면 힘든 시기에도 어떻게든 스스로를 격려하며 잘 살아보려고 애써왔음을 알 수 있습니다. 사방이 어두컴컴하게 여겨질 때도 작은 불빛에 의지해 무언가를 만들어보려고 고군분투했던 순간들, 그럼에도 불구하고 용기를 낸 순간들, 슬픔 속에서도 일상을 지켜내기 위해 마음을 모았던 시간들이 있어 지금 여기까지 왔을 것입니다.

우리는 안 좋은 결과를 얻었을 때 그로 인한 고통이나 슬픔은 깊이 각인하지만, 내가 얼마나 그 과정 속에서 인내했는지, 결심하고 노력했는지는 제대로 알아차리지 못합니다. 지나온 시간을 더듬어보면 그 한 걸음, 한 걸음이 스스로를 향한 나름의 끈이었는데 말이죠. 그러한 발자취가 다른 사람 눈에는 안 보여도, 나에게는 알게 모르게 쌓여 앞으로도 마음의 방파제가 되어줄 겁니다.

○ 내가 어떻게 여기까지 왔는지 살펴보기

1. 힘들었던 때나, 현재 힘든 상황을 떠올려본 뒤, 그 강도를 숫자로 체크해
   보세요.

0	1	2	3	4	5	6	7	8	9	10

전혀 아니다   어느 정도 그렇다   매우 그렇다

2. 10까지 가지 않도록 나를 지탱해주는 행동이나 태도가 있었나요? 그것
   은 무엇이었나요?

예 | 일에 치여 마음이 힘들었을 때, 퇴근길에 자전거를 타고 오면서 스스로를 치유했다.
   일상의 루틴을 유지하고, 결국 다 지나간다는 마음으로 버텼다.

3. 과거에 내 뜻대로 되지 않았지만, 그로 인해 배우고 깨달은 경험이 있나
   요?

4. 힘들었던 그때의 나를 만나면 해주고 싶은 이야기는 무엇인가요?
   (격려, 조언 등)

예 | "○○아, 네가 한 선택이 마음에 안 들더라도 너는 당시에 그 상황에서 할 수 있는 가장
   최선의 선택을 했어. 덕분에 깨닫게 된 점도 있으니 허투루 살아온 게 아니야."

내 삶의
등고선 찾기

쾌청한 어느 가을날, 푸른 하늘과 맑은 공기, 귓불을 스치는 바람을 만끽하며 수락산 정상에 올랐습니다. 내려다보니, 실핏줄처럼 얽혀 있는 도로 사이로 손톱만 한 건물들이 다양한 높낮이로 솟아 있었습니다. 문득 이런 생각이 들었습니다. '인생도 이렇게 한눈에 조망할 수 있다면 얼마나 좋을까? 저 모퉁이를 돌아 어떻게 가야 하는지, 이 길은 어떻게 이어져 있는지, 오르막과 내리막을 알 수 있다면…….' 마침 그때 같이 간 분이 이런 말을 했습니다. "성격이 팔자더라. 인생사에서 주기적으로 되풀이되는 어떤 요인을 보면 그 사람 성격이랑 밀접하게 연관되어 있다니까."

고개를 끄덕일 수밖에 없었죠. 성격은 우리 삶에 지대한 영향을 끼치는 게 사실입니다. 성격은 타고난 것이기도 하지만, 주변 환경에 내가 적응해온 하나의 방식이거든요.

굳이 점을 치지 않더라도 그동안 어떻게 사고하고 행동했느냐를 보면 미래에 어떻게 할지 가늠할 수 있습니다.

하지만 성격에 따라 삶이 고정되어 있는 것은 아닙니다. 아들러나 고든 올포트Gordon Allport 같은 심리학자는 사람은 목표와 기대가 있으면 그것을 나침판 삼아 움직인다고 보았습니다. 즉 목표가 있으면 성격적 패턴을 뛰어넘어 변화가 가능하다는 것입니다. 특히 삶의 만족감은 자신이 추구할 만한 것이나 가치 있는 목표에 더 큰 영향을 받습니다.

그런데 의식은 새 목표를 향해 움직이지만, 무의식이 발목을 잡기도 합니다. 의식과 무의식이 머리를 맞대어 합일을 이루려면 그간 살아온 삶의 패턴을 살펴볼 필요가 있습니다. 무엇이 나를 힘들게 했는지, 또한 무엇이 나를 더 나은 방향으로 이끌었는지 살펴보면, 내 삶의 무의식적 행방이 보입니다. 특히 우리는 감정을 통해 욕구와 의미를 자각합니다. 감정의 고저를 자연스럽게 따라가보면 그 안에 담긴 사건과 사람을 통해 내 삶에 영향을 끼친 것이 무엇인지 살펴볼 수 있습니다.

O 내 삶의 등고선 찾기

아래의 빈칸을 채워보세요. 각 연령대에 경험했던 기분이 좋았던 순간과
나빴던 순간을 쓰고, 그 이유에 대해서도 통찰해보세요.
다가올 미래에 대해서도 자유롭게 그려보세요.

기분 좋은 경험 :   요인 :

기분 좋은 경험을 다시 하려면?

0-10세 ——————————————————————————

기분 나쁜 경험 :   요인 :

되풀이하지 않으려면? 보완할 지점은?

기분 좋은 경험 :   요인 :

기분 좋은 경험을 다시 하려면?

11-20세 ─────────────────────────────────

기분 나쁜 경험 :   요인 :

되풀이하지 않으려면? 보완할 지점은?

기분 좋은 경험 :   요인 :

기분 좋은 경험을 다시 하려면?

21-30세 ─────────────────────────────────

기분 나쁜 경험 :   요인 :

되풀이하지 않으려면? 보완할 지점은?

기분 좋은 경험 :   요인 :

기분 좋은 경험을 다시 하려면?

31-40세

기분 나쁜 경험 :   요인 :

되풀이하지 않으려면? 보완할 지점은?

기분 좋은 경험 :   요인 :

기분 좋은 경험을 다시 하려면?

41-50세

기분 나쁜 경험 :   요인 :

되풀이하지 않으려면? 보완할 지점은?

기분 좋은 경험 :   요인 :

기분 좋은 경험을 다시 하려면?

51-60세 _____

기분 나쁜 경험 :   요인 :

되풀이하지 않으려면? 보완할 지점은?

기분 좋은 경험 :   요인 :

기분 좋은 경험을 다시 하려면?

61-70세 _____

기분 나쁜 경험 :   요인 :

되풀이하지 않으려면? 보완할 지점은?

기분 좋은 경험 :   요인 :

기분 좋은 경험을 다시 하려면?

71-80세

기분 나쁜 경험 :   요인 :

되풀이하지 않으려면? 보완할 지점은?

기분 좋은 경험 :   요인 :

기분 좋은 경험을 다시 하려면?

80세 이상

기분 나쁜 경험 :   요인 :

되풀이하지 않으려면? 보완할 지점은?

'내 삶의 등고선 찾기'를 해보면 보통 다양한 패턴이 혼재되어 있으나 두드러지는 특징이 있습니다.

'이 시기에 누구를 만나서 기뻤다, 누구 때문에 상처를 받았다, 사람들과 어떤 프로젝트를 할 때 힘이 난다, 누구랑 헤어져서 슬펐다'처럼 항상 사람이 계기가 되는 경우, 사람과의 관계가 중요한 것이죠. 하루 중 기분 좋을 때를 물어보면 '좋아하는 사람과 수다를 떨 때'라고 하는 만큼 사람으로부터 에너지를 얻고, 사람 때문에 큰 상처를 입기도 합니다. 만약 내 등고선이 사람 중심의 형태라면 '아⋯⋯ 내가 사람에게 영향을 많이 받는 스타일이구나. 사람을 귀하게 여기되, 사람들에게 너무 휘둘리진 말자' 하고 알아차려봅니다.

또 다른 유형으로 자신이 달성하고 이룬 것, 성취하지 못한 것에 집중하는 사람도 있습니다. '그때 이러저러한 어려움이 있었지만 계약을 따냈다, 기대도 하지 않았는데 상을 받았다, 월급이 올랐다 그리고 하루 중 기분 좋을 때를 보면 어떤 일을 잘 해낼 때다'처럼 성취 지향의 경우는 목표가 없으면 삶이 공허하기 때문에 해야 할 일이 꼭 있죠. 하지만 그만큼 성취가 무너지면 삶의 질이 떨어지기도 합니다. 만약 자신이 성취 지향이라면 '성취는 잠깐이지만, 과정은 삶의 대부분을 차지하니까 과정도 소중히 음미하며 살자'라고 알아차려보는 게 좋습니다.

삶의 여러 과정이 담긴 이야기가 등장하는 경우도 있습

니다. 취미, 여행, 사고, 질병, 독서, 음식, 운동 등이 삽화로 등장하죠. 성취 지향은 원하는 대학에 '합격'한 것에 집중한다면, 과정 지향은 대학에 가게 된 것은 물론 친구들과 공부하고 함께 놀았던 추억 등에 대해 이야기합니다. 과정 지향이면 누구보다 풍부한 인생 스토리를 가지고 있죠. 이럴 때는 '내 삶의 가치와 목표는 무얼까?' 하고 알아차려보는 것도 도움이 됩니다.

삶의 가치로 등고선이 이어져 있는 사람도 있습니다. 이 경우, 자신이 중요시 여기는 가치를 성취했을 때 기쁨을 느끼고, 그러한 가치를 잃었을 때 슬픔을 느끼죠. 예를 들어 "내가 이렇게 하는 것이 나 자신에게, 그리고 상대에게 도움이 될 것이다"와 같은 가치를 가졌다고 해봐요. 나를 만나는 사람들이 더 행복하면 좋겠다는 가치가 있으면 빵 봉지 하나에도 먹는 사람들이 더 기분 좋아질 수 있도록 재미있는 그림을 넣는다든지, 스토리를 입힌다든지 하는 가치 실현을 통해 삶의 보람과 행복을 느낍니다. 물론 기분이 안 좋아서 대충 빵 봉지를 만드는 날도 있을 겁니다. 건강을 소중히 여기는 게 자신의 가치이지만 몸에 안 좋은 음식을 먹는 날도 있겠죠. 그럴 땐 이러한 지그재그 과정에 슬픔을 느끼면서도 다시 가치에 접속해갑니다. 그 모든 과정이 가치를 중심으로 한 여정이 되는 것이죠.

그러나 지나치게 가치 중심적으로 살면 삶이 무겁게 느껴지기도 합니다. 내가 만약 가치를 지향하는 사람이라면

'가치도 중요하고, 일상의 소소한 기쁨도 중요하지'라며 가치와 일상의 조화를 꾀하면 더 풍성한 삶이 될 겁니다.

　내 삶의 가치가 무엇인지 모르겠다면 미래의 등고선을 상상으로 채워봅니다. 그 과정에서 삶의 의미와 가치가 자연스레 드러나거든요. 그러한 가치를 통해 미래의 나에게 기대하는 바를 삶에 발현시키려면 어떤 태도와 행동을 취할 수 있는지 탐색해봅시다.

　집을 옮기거나 룸메이트를 바꾸는 것처럼 환경의 변화를 꾀한 경우보다 동아리 활동 등, 자신의 새로운 활동에서 더 오래 행복감을 느낀다는 연구 결과가 있습니다.[4] 자신을 기분 좋게 하는 활동이 있다면, 그 실마리를 잡아 일상에 비타민처럼 녹여보세요. 어떤 것을 해야 할지 모르겠다면 그동안 내 삶을 한 단계 성장하게 한 활동이 무엇인지 돌아보고, 지금은 하지 않고 있다면 다시 도전해보는 것도 좋습니다.

속삭이는 이 말은
어디에서 온 걸까?

　정신없이 지내다 혼자가 되면 많은 생각이 찾아올 때가 있죠. 보통 이럴 때 우리는 '내부 대화'를 합니다. 내부 대화란 나 자신과 무의식적으로 나누는 대화를 말합니다. 이때 '어떤 온도로 나 자신에게 말하는지' 살펴보세요. 기분이 좋은 날에는 따뜻한 온도로 말하겠지만 울적한 날이나, 속상한 날에는 아주 차가운 온도로 자신에게 말하고 있을 거예요. '네가 그 일을 한다고?', '거봐, 넌 안 되잖아', '아마 앞으로도 안 될걸', '세상에 믿을 사람 하나 없어'와 같이 부정적인 말이 고장 난 라디오처럼 끊임없이 흘러나오기도 합니다. 그 안에는 날 화나게 한 사람, 현재의 고민거리, 미래에 대한 불안도 덤으로 섞여 있습니다.

　우리 뇌는 스스로를 보호하게끔 설계되어 있기 때문에 부정적 내부 대화를 통해 앞으로 일어날 안 좋은 일을 미연에 방지하려는 건 자연스러운 반응입니다. 문제는 자신과 하는 대화는 무의식에 고스란히 새겨지기 때문에, 부정적 내부 대화가 반복되면 자신의 말 속에 스스로 갇힌다는 데 있습니다. 충분히 할 수 있는데 나는 못한다고 생각하거나, 막상 해보면 별것이 아닌데도 시도조차 하지 않는 것처럼요.

자신과 친밀한 대화를 할 때 타자를 받아들일 수 있는 심리적 공간이 생기는데, 내부 대화가 차가울 때는 나 자신뿐 아니라 다른 사람들도 싫어집니다. 한데, 이 내부 대화를 들추어보면 그 안에 나 말고 다른 존재들이 살고 있습니다.

내부 대화 속 또 다른 목소리는?

C는 상사가 "이 지점이 부족하네. 앞으론 조심해"라고 말하면 분노가 올라왔습니다. 그의 내부 대화를 들어보니 "이 지점이 부족하네"는 "왜 이 따위로 일했어?"로, "앞으로 조심해"는 "멍청아, 네가 앞으로도 잘 하겠냐?"로 변환되어 있었습니다. 그런데 이 내부 대화 속 주된 목소리를 따라가보니, 주로 양아버지로부터 들어온 목소리가 내사introjection되었다는 걸 알 수 있었습니다. 내사란 나의 진정한 목소리가 아닌, 타자로부터 들은 말을 나로 받아들이는 것을 말합니다.

우리의 내부 대화 속에는 어릴 때부터 켜켜이 쌓여온 타자의 말들이 녹아 있습니다. 그러한 목소리를 해부해보면 결국은 부모님이나 선생님, 친구들로부터 들었던 비난과 칭찬이 섞여 있는 경우가 많죠. 특히 비난 같은 경우, 세월이 흘러도 가슴속에 펄펄 살아 있어, 비슷한 상황에 처하면 내부 대화로 고스란히 재생됩니다.

예를 들어 어릴 적 한눈을 팔아서 넘어졌을 때, 양육자로부터 "괜찮아? 어디 안 다쳤어? 많이 놀랐겠네"라는 따뜻한 보살핌을 받았다면, 살면서 자신이 넘어지거나, 누군가가 넘어졌을 때 "괜찮아?" 하고 물으며 다친 곳은 없는지 살필 수 있는 마음의 공간이 있습니다. 그런데 "야, 넌 눈을 어디다 달고 다녔길래 엎어졌어? 어휴, 내가 너 같은 걸 낳아서 미역국을 먹었다니" 같은 비난의 피드백을 익숙하게 들어왔다면 살면서 넘어지거나 누군가 넘어진 걸 봤을 때, 무의식적으로 비난의 말을 하기 시작합니다. 내가 당시 들었던 비난의 말에 억울하고 속상했던 마음이 더해져 상대를 공격하는 거죠. 이때 꼭 알아차려야 합니다. 어른이 되어도 나의 내면에는 두려워하는 작은 아이가 살고 있다는 것을요. 그 아이를 꼭 안아주세요.

어릴 때는 부모님이 자신의 생존과 이어져 있기 때문에 부모의 말 한마디가 크게 내사되어 다가옵니다. 그래서 아동 분석가 멜라니 클라인Melanie Klein은 아이가 부모를 필요 이상으로 엄격하게 받아들이는 경향이 있다고 봅니다. 부모가 아이에게 완벽을 요구하지 않아도 아이는 무의식적으로 '나는 우리 부모님을 만족시켜야 한다', '우리 엄마에게는 나밖에 없다', '실망시키고 싶지 않다'며 가상의 억압된 환경을 설정하고, 그 안에 스스로를 가두는 거죠.

또 내부 대화에는 사회적인 평가와 주변과의 비교도 녹아 있습니다. D는 괜찮은 그림 실력을 가지고 있음에도 더는 그림을 그리지 못했는데, 한 장을 그려도 완벽해야 한다는 내부 대화 때문이었습니다. 이런 압박감은 수업 시간에 혹독하게 비판당한 경험에서 비롯되었죠. 세월이 흘렀음에도 그때 들은 비판이 아직도 그의 내부를 움켜쥐고 있어서 쉬이 앞으로 나아가지 못하게 한 것입니다.

속삭이는 말의 끈 풀기

이처럼 내부 대화에는 어렸을 때 들은 말들, 외부에서 흘러온 말들이 숨어 있습니다. 진짜 내 목소리가 아닌데, 마치 유리창에 되비치는 먼지 낀 풍경처럼, 흡수되지 못한 채 계속 떠 있는 거죠. 이런 것들이 섞여 있으면 현재 내가 어떤 감정을 느끼고, 진정으로 무얼 원하는지 흐릿해집니다. 그럴 땐 일단 그 내부 대화를 가만히 관찰해보세요.

예를 들어 '난 못할 거야'라는 내부 대화가 들려온다면 속삭이는 이 목소리는 과연 어디에서 온 건지 살펴봅니다. 만약에 ○○에게서 "넌 안 돼"라는 말을 들은 적이 있다면 '그건 ○○이 무의식적으로 자신에게 하는 말을 나에게 했네. 그런 관점은 내 것이 아니라 ○○이 거니까'라고 분리해 봅니다. 타자의 목소리는 타자의 것으로 돌려주는 겁니다.

나에게 그런 말을 한 사람이 없는데도, 날카로운 내부 대화가 계속된다면 그 목소리를 '사실은 나 자신을 행복하게 해주고 싶었는데 좌절된 지점은 무엇일까? 진짜 내가 원하는 건 무엇일까?'의 측면에서 들여다보세요. 예를 들어 '내가 뭐 그렇지!'라는 내부 대화가 흘러나온다면 '아, 참 잘하고 싶었는데, 일이 틀어져서 속상하다'라는 감정을 읽어주는 겁니다.

'난 왜 이렇게 소심할까!'라는 자기 비난의 내부 대화가 올라오면 '실패할까 봐 두려워서 그랬구나' 하고 알아차려봅니다. 비난의 포장지 속에 흐르는 내 감정과 욕구에 귀 기울여보는 거죠.

하루는 "되는 일이 하나도 없어!" 하고 비난하고 있는 자신을 발견한 적이 있습니다. 그런데 여기에는 "물 흐르듯 잘 풀리면 얼마나 좋을까"라는 소망이 담겨 있는 걸 알 수 있었습니다. 자기 비난의 포장지를 벗겨보면 '사실은 답답했어, 속상했어, 슬펐어' 등 나를 더 잘 살게 하고 싶었는데 그러지 못해 흘러나온 감정이 숨어 있습니다. 이런 감정을 수용해주고, 그러한 감정을 통해 내가 진정으로 원하는 것이 무엇인지 읽어주세요. 자신의 마음을 알아주는 것만으로도 차가웠던 내부 대화는 봄눈처럼 녹아내릴 테니까요.

O 속삭이는 비난은 어디에서 왔을까?

1. 자신이 평소 하는 자주 비난에 대해 써보세요.

2. 그 비난이 어디에서 왔는지 생각해봅니다.

예 | 환경적 불안, 세상으로부터 얻은 기준, 부모님으로부터 들은 말, 어렸을 때 들었던 비난

3. 그 비난을 따옴표로 묶은 다음 아래 질문에 답해보세요.

"_____"에 날카로운 발톱이 있다면 어떤 모양인가요?

➡ 이 발톱을 부드럽게 다듬고 멋진 색으로 칠한다면, 어떤 색이 좋을까
　 요?

"_____"에 끈적끈적함이 있다면, 어느 정도인가요?

➡ 이 끈적함이 민들레 꽃씨처럼 흩어져 산뜻해진다면 내 삶은 어떻게 달
　 라질까요?

O 나 자신을 친밀하고 다정하게 대하기

1. 내가 만약 나의 엄마라면, 불완전해도 나름 최선을 다해 살고 있는 나에게 어떤 격려의 말을 해주고 싶은지 써봅니다.

예 | ○○아 힘들지. 다 지나갈 거야. 완벽하지 않아도 괜찮아. 할 수 있는 만큼 해보자.

2. 마음에 드는 격려의 말을 써서 가지고 다녀보세요.

3. 비난이 올라올 때마다 격려의 말을 보면서 충전해봅니다.

더 많은 기차
타보기

기차를 보면 어떤 느낌과 생각이 드나요? 저는 기차에서 재미있게 읽던 미셸 뷔토르의 《변경》이란 소설이 떠오릅니다. 어떤 이는 기차에서 첫사랑과 설레는 마음으로 데이트한 기억이, 어떤 이는 기차를 타고 출퇴근했던 피곤한 기억이 난다고 말합니다. 어떤 이는 기차에서 시비가 붙은 적이 있어 '기차=불쾌함'으로 남았다고 토로합니다.

이처럼 한 대상에는 그것과 연합된 기억이 끈처럼 묶여 있습니다. 특히 부정적 기억은 더는 좋은 경험을 하지 못하게 제한하는 사슬이 되기도 합니다. 그 끈을 풀기 위해서는 더 많은 기차를 타고, 새로운 경험을 쌓는 게 중요합니다.

A는 여성에 대한 적개심이 상당했습니다. 어릴 때 어머니가 그에게 폭언과 폭행을 한 데다 자신을 두고 떠난 기억이 강렬하게 자리 잡고 있었기 때문입니다. 그런데 프로그

램에 참여했던 여성 구성원들이 그런 마음을 헤아려주고 지지를 보내주자 회기가 거듭될수록 여성에 대한 적개심의 끈이 조금씩 느슨해지기 시작했습니다. 적개심이 어머니에 대한 기대와 사랑이 무너진 자리에서 스스로를 지키기 위한 방어였다는 것, 누구라도 그런 상황에 처하면 그런 마음을 가질 수밖에 없었다는 것을 구성원들로부터 이해받자, 마지막 회기에는 자신의 내면 아이와 만나 화해했고, 이후 갈등 관계였던 여성 상사와 사이가 좋아졌다는 소식을 전해주었습니다.

B는 학창 시절에 따돌림을 받은 경험이 있어 사람에 대한 경계심이 높았습니다. 특히 사람들이 모여 있으면 자신에 대한 험담을 하고 있을 것 같다는 불안을 느꼈고, 그래서 사람들에게 좀처럼 먼저 다가가는 일이 없었습니다. 하지만 용기를 내어 한 동호회 정모에 참여해 사람들에게 먼저 말을 걸어보니, 친절하게 환영해주었습니다. 학창 시절 그녀를 따돌렸던 친구들이 곧 세상 사람들이라는 공식이 깨지면서 그동안 사람들이 그녀를 밀어냈던 게 아니라, 그녀가 사람들을 밀어냈음을 여실히 깨달았죠. 사람들이 먼저 자신에게 다가와주기를 바라기보다 이제는 먼저 사람들에게 다가가면서 대인관계의 폭이 넓어졌다고 합니다.

이렇게 용기 있게 도전해 새로운 이야기를 만들 때, 연합된 기억과의 끈이 풀리기 시작합니다. 하지만 쉽지는 않죠. 한 번 안 좋은 경험에 묶이면 과거의 상황이 미래에도 계속될 것 같은 두려움이 생기기 때문입니다. 만약 그 끈이 너무 팽팽해서 쉽게 끊을 수 없다면 '인지적 재구성cognitive restructuring'를 통해 조금씩 절개선을 내보는 방법도 있습니다.

인지적 재구성으로 절개선 만들기

인지적 재구성이란 무엇일까요? 부정적인 지점 외에 숨어 있는 긍정적 지점을 찾아 인식의 틀을 전환해보는 것입니다. 한 연구[5]에 의하면 혐오 사진을 보고 흥분한 뇌가 인지적 재구성을 거친 뒤에는 안정되었습니다. 예를 들어 음식을 생각할 때 비만이 떠올라 구토가 난다면[음식+(비만)=구토], 음식과 구토 사이에 비만 이미지를 상쇄시킬 만한 걸 넣어보는 것입니다[음식+(운동)=맛있다]. 중간에 운동을 넣어주면 음식에서 비만으로 이어지는 연결고리가 완화되죠.

이처럼 빈 괄호 속에 새로운 이미지를 만들어가는 게 중요합니다. 어떤 것과 끈끈하게 연합된 지점을 풀기 위해서는 그와 다른 경험, 새로운 대안 행동, 그것을 통해 배운 점 등을 살펴보아야 합니다. 그러면 뇌가 변화합니다. 인지적 재구성을 자주 할수록 긍정적 정서를 자주 느껴 삶의 만족도가 높았고, 주변 사람들과 친밀한 관계를 유지해 우울이나 불안이 낮은 것으로 나타났습니다.[6]

저는 화가 나는 일이 생기면 '어떤 행운도 같이 오겠구나' 하고 생각합니다. 실제로 안 좋은 일이 생기면 다른 방향에서 새로운 문이 열리는 경험을 여러 번 했습니다. 많은 인터뷰이 역시 삶에서 변화가 일어난 시점을 보면 깊은 어둠을 지난 뒤였다고 합니다. 무난한 일상이 유지되었을 때는 변화할 생각이 없었지만, 변화할 수밖에 없을 때는 다음 단계로 도약하는 터닝포인트가 되었다는 것입니다.

성장은 그 이전 수준을 뛰어넘는 것

니체는 타자성의 보존을 통해 어떤 것과 끈끈하게 연합된 끈을 풀 수 있다고 이야기합니다. 예를 들어 어떤 일에 실패했지만 다시 일어나 새로운 시도를 하는 것은 실패가 내 인생에 영원히 붙어 있는 본원적인 것이 아니라고 받아들일 때 가능합니다. 과거의 나는 현재의 나와 동일하지 않다는 것. 그때의 상황을 다시 겪더라도 이제는 내가 변했으므로 새로운 조건 아래에서는 더 이상 같은 결과값이 나오지 않는다는 것, 즉 타자성의 보존이란 실패나 고통을 당시 외부적 상황과 내가 가진 조건 사이에서 벌어진 일시적 현상으로 보는 태도입니다.

"그래요. 니체의 타자성의 보존, 멋지네요. 하지만 새로운 조건을 만들기가 어렵네요"라는 푸념이 나올 수도 있습니다. 그럴 땐 '안전지대 넓히기'를 먼저 해보는 것도 도움이 됩니다.

만약 사람에게 받은 상처 때문에 아무도 만나고 싶지 않다면, 굳이 사람을 만나지 않아도 좋습니다. 대신 집에만 있지 말고 일단 밖으로 나와서 공원을 산책해본다든지, 카페나 도서관, 시장 등 굳이 말을 하지 않아도 되는 사람들 틈에 무심히 섞여보는 것도 좋습니다. 그러다 기분이 내키면 이해관계 없이도 밥 한 끼 먹을 수 있는 사람을 만나보거나 소규모 상담 프로그램 등에 참여해봅니다. 그렇게 사람을 만나는 영역을 조금씩 넓혀나가는 거죠.

무기력해서 아무것도 하고 싶지 않다면 내가 잘했던 것, 좀 수월한 것부터 해봅니다. 내가 좋아하는 것, 누군가에게 한 번이라도 칭찬받아본 것, 재미있는 것, 그래도 남들보다 손톱만큼이라도 더 잘하는 걸 해보는 거죠. 슬슬 마음의 가속도가 붙으면 조금씩 다른 일도 도전해봅니다.

저는 이 책을 준비하는 동안 정말 글을 쓰기 싫은 날에는 여덟 줄만 쓰자는 마음으로 완성해나갔습니다. 무의식에 '책 쓰기=무거운 벽돌 같은 이미지'로 연합되어 있었거든요. 무거운 벽돌 대신, 크리스마스트리 위에 반짝이는 알전구를 켠다는 마음으로 인지적 재구성을 했다는 건 비밀 아닌 비밀입니다.

O 내게 불편한 감정을 불러일으키는 대상이나 일이 있다면?

1. 불편한 대상을 적고, 중간 괄호에 그렇게 생각하는 이유를 쓴 다음, 느낌을 써봅니다.

_____ + (이유:) = 느낌:

2. 중간 괄호에 '새로운 관점'으로 해석할 수 있는 지점을 써봅니다. 그다음 느낌도 써보세요.

※ 새로운 관점이란? 그래도 이것만큼은 괜찮은 점, 어쩔 수 없었던 점, 감사한 점, 유용한 점, 최악은 아닌 점, 배운 점, 대안 행동 등.

예 | 아무개 + (새로운 관점: 나도 그럴 때가 있다. 이러이러한 장점도 있다. 거리를 둔다. 이런 점은 고마웠다. 저러지 말아야지 배웠다.) = 홀가분

_____ + (새로운 관점:) = 느낌:

자기조절을 통해
자기연결감 강화하기

마음이 불안하거나 흔들릴 때,
스스로를 조절할 수 있는 마음의 기술을 알아두면
자기연결감을 강화하는 데 도움이 됩니다.
3장에서는 일상 속에서 자기연결감을 잘 발휘할 수 있도록 돕는
다양한 자기조절법을 익힙니다.

자아고갈,
그게 뭔데?

유독 그럴 때가 있지 않나요? 평소에는 그냥 넘길 일인데 막 화가 난다든지, 대수롭지 않은 일에도 짜증이 난다든지, 누군가 사소하게 던진 말에도 울컥하고, 늘 걷던 거리인데 더 황량하고, 불안하게 느껴진 적이요. 도대체 왜 그런 걸까요? 쌓여 있던 무언가가 갑자기 폭발하기라도 하는 걸까요?

의지력에 대해 연구해온 로이 바우마이스터Roy Baumeister는 '자아고갈ego depletion'에 주목합니다. 자아고갈이란 자신의 생각이나 느낌, 행동을 다루는 능력이 소진된 것을 뜻합니다. 자아가 고갈되면 상황에 대한 감정적 반응이 더욱 강렬해집니다. 슬픈 영화를 보면 더욱 슬프고, 따뜻한 말 한마디를 들으면 더욱 울컥합니다. 차가운 물에 피부를 접촉하면 평소보다 훨씬 더 고통스럽게 느끼죠.

그러니까 평소보다 더 강렬한 감정을 느낀다면, 자아고갈 상태임을 알아차려야 합니다. 이럴 때는 한 걸음 물러나서 바람을 쐬거나, 잠깐 멍하니 있거나, 명상을 하거나, 낮잠을 자거나, 간식을 먹으며 잠시 쉬는 게 좋습니다.

자아고갈을 예방하려면 의지력의 속성을 이해할 필요가 있습니다. 먹고 싶은 초콜릿을 참고 나면, 억압한 만큼 의지력이 소모되어 다음 과제를 할 때 수행력이 떨어집니다. 아침 일찍 어려운 의사 결정을 하면, 오후에는 자제력이 떨어진다는 연구결과도 있습니다.[1] 이처럼 어떤 일에 한 번 의지력을 사용한 다음에는 그만큼 자아고갈이 되어 자제력을 발휘하기가 쉽지 않습니다. 그래서 낮에 직장에서 시달리고 돌아오면 가족에게 다정한 말 한마디 하기가 어려운 거죠. 그럼 어떻게 해야 할까요?

한 번에 한 가지 목표

연말에 예쁜 산호색 다이어리를 선물받았습니다. 첫 장을 펼치니 "내가 이루고 싶은 목표를 목록에 써보세요"라고 적혀 있었죠. 목표는 혼자 간직하기보다는 공표하면 이루어질 확률이 높기에 몇 권을 사서 지인들에게 선물한 다음, 서로 목표를 공유하기로 했습니다. 다들 이루고 싶은 목표를 목록에 빼곡하게 채워왔습니다. "새로운 일에 도전하고,

다이어트를 하고, 자기계발도 하고, 제2외국어를 공부하고, 재테크도 하고, 봉사도 하고, 자격증도 따고, 모임에 가입해 활동하고……."

1년이 지난 뒤, 목록에 쓴 것 중 이루어진 게 얼마나 있나 서로 체크했는데, 웃음이 터져나왔죠. 시작은 거창했으나 초라하게 끝난 목표가 더 많았기 때문입니다. 그 이유는 무엇일까요? 바쁘고 피곤해서? 게을러서? 바우마이스터는 우리가 어떤 것을 해내고자 한다면, 한 번에 한 가지 목표에만 집중하는 게 낫다고 조언합니다. 여러 목표끼리 경쟁이 일어나면 오히려 서로 방해한다는 거죠. 우리가 하나의 목표를 이루려고 애쓰다 보면 다른 것을 할 수 있는 능력이 줄어든다는 걸 자각할 필요가 있습니다. 의지력의 배터리는 한 개이기 때문입니다. 자기 분야에 우뚝 선 분들에게 성공 비결을 물으면 공통적으로 "나는 모든 일을 다 잘하려고 하지 않는다"라고 답하던 이유가 여기에 있었습니다.

그러니까 의지력은 써도 써도 마르지 않는 샘물과 같은 것이 아니므로, 내가 가장 집중해야 할 것에 집중하고, 나머지는 도움을 받거나 비용을 지불하고 맡기거나 어느 선까지만 하거나 마음을 비우고 내려놓는 것이 필요합니다. 도저히 포기가 안 되면 내버려두었다가 나중에 하는 것도 좋습니다. 내버려두었다가, 나중에 하기. 여기에 자아고갈을 예방하는 비밀이 있습니다.

미루기의 힘

한 연구[2]에서 참여자들에게 자신이 좋아하는 디저트를 상상해보라고 했습니다. 첫 번째 그룹에게는 그 디저트를 마음껏 먹어도 된다고 했고, 두 번째 그룹에게는 절대 먹지 못하도록 자제하게 했습니다. 그리고 세 번째 그룹에게는 나중에 먹어도 된다고 했습니다.

연구자들은 세 번째 그룹이 디저트에 대한 갈망이 가장 강렬할 것으로 보았습니다. 자이가르닉 효과Zeigarnik effect가 나타날 수밖에 없을 거라고 예상한 거죠. 자이가르닉 효과란 어떤 일을 미처 완성하지 못했을 때, 계속 찜찜하게 마음속에 남아서 지우지 못하는 현상을 뜻합니다. 그런데 예상을 깨고, '나중에 먹으면 되지'라고 미룬 세 번째 그룹은 디저트에 대한 갈망이 제일 낮았습니다. 오히려 디저트를 절대 못 먹게 한 그룹은 그것을 억제하는 데 의지력을 소모한 나머지 나중에 디저트 그림을 보고 더 괴로워했습니다.

이처럼 올라오는 욕망을 있는 그대로 인정하고, 나중에 하면 된다고 허용받을 때, 의지력의 손실을 줄일 수 있습니다. 미루기가 지금 당장의 뜨거운 갈망을 잠재우는 데 효과가 있는 겁니다. 무엇보다 우리는 예기적 열광anticipatory enthusiasm에 더 반응합니다. 지금 당장 행복한 경험을 하는 것보다 '나중에 하면 된다'라고 생각하면 그것을 상상하고 기대하는 과정을 즐기기 때문입니다.

'미루기의 힘'은 충동구매를 막는 데도 효과적입니다. '일단 지금은 말고, 나중에 사면 된다'는 내적 허용력이 의지력 손실을 막아 충동구매하는 것을 예방하기 때문이죠. 무언가를 사고 싶은 생각이 불쑥 올라올 때, 그것이 꼭 필요한 물건은 아니라고 판단되면 일단 장바구니에 담아두고 내버려둡니다. 시간이 흐른 뒤에도 사야겠다는 생각이 들면 그때 구매하는 거죠.

의사결정을 할 때도 이런 원리는 도움이 됩니다. 한 인터뷰이는 기분 나쁜 일이 있을 때 즉각적으로 대응하지 않고 하룻밤 자고 나면, 묘하게도 해결책이 떠오른다고 말했습니다. 역시 미루기의 전략을 쓰고 있는 셈이죠. 당장의 뜨거운 열기에 휘말리기보다는 일단 내려놓고, 열기가 식은 뒤에 생각하는 지혜로운 방책을 쓰고 있는 겁니다.

일하다가 갑자기 무언가 떠올라 옆길로 새고 싶은 마음이 든다면 '이 일이 끝난 뒤에 꼭 하자'라고 메모장에 써둔 뒤, 하던 업무에 몰입해봅니다. 재밌는 점은 일을 끝마치면 하고 싶었던 그 일에 대한 열망이 그렇게 강렬하지 않을 겁니다. 어느새 그 열기가 식어 있기 때문이죠.

O 자아고갈을 줄이려면?

1. 이루고 싶은 목표를 쭉 써보세요.

①
②
③
④
⑤
⑥
⑦

2. 위 목표 중에 가장 이루고 싶은 것 하나를 뽑아보세요. 그것이 다른 목표 들과 어떻게 연관되어 있는지 살펴보세요.

3. 나머지 목표에 대해서도 우선순위를 매겨보세요. 낮은 순위일수록 중요 도를 낮춰 미루거나, 다른 사람에게 맡겨보세요.

①
②
③
④
⑤
⑥
⑦

O 자아고갈을 예방하는 글쓰기

※ 감정을 억압하는 것도 자아고갈의 원인이 됩니다. 쉽게 할 일도 자아고갈이 되면
   힘겹게 할 수밖에 없죠. 여러 생각과 감정으로 복잡할 때는 문법에 신경 쓰지 말고 마음
   이 출렁이는 대로 글을 써보세요.

1. 메모장을 켭니다.
2. 올라오는 생각과 감정을 흘러나오는 대로 물 흐르듯이 써봅니다. 글로
   잘 표현이 되지 않을 때는 그림으로 그려도 좋습니다.
3. 글을 쓰거나 그림을 그릴 때 유독 눈길이 가는 부분이나, 반복되는 지점
   이 있으면 유심히 살펴보세요.
4. 그것이 내게 어떤 메시지를 전달하고 있는지 살펴봅니다. 거기에 무엇이
   더해지면 더 나아질지 생각해봅니다.
5. 그 메시지에 온전한 사랑과 수용을 보내며 고맙다는 마음을 전해봅니다.

완벽하지 않아도
사랑해

어느 날 A가 이렇게 말했습니다. "전 대학도 삼수해서 들어갔고, 공무원 시험도 남들보다 오래 공부해서 붙었어요. 첫째 아이도 발달이 느려서 마음고생이 심해요. 남들은 쉽게 가는 것 같은데, 왜 내 인생에만 모래주머니가 달린 기분이 드는지……."

누구나 종종 이런 생각을 합니다. '모든 게 착착 맞아떨어지면 얼마나 좋을까? 마치 횡단보도 앞에 서자마자 파란불로 바뀌듯이, 도전하자마자 좋은 결과를 얻고, 하는 일마다 잘되면 좋겠다'고요. 하지만 좋은 성과를 낸 많은 인터뷰이들이 이렇게 말하곤 했습니다. "남들 눈에는 쉽게 가는 것처럼 보이겠지만, 그건 결과값에만 집중해서 그래요. 어떤 아이디어나 제품도 여러 시도와 실패를 거쳐 나오는 것이지, 단번에 완벽하게 나오는 경우는 드물거든요."

이 지점은 회복탄력성으로 이어지는 중요한 포인트입니다. 사실 우리는 불안이 높을수록 완벽하게 짜여진 상태에서 움직이려고 합니다. 시나리오대로 잘 맞아떨어지면 좋겠지만, 예측할 수 없는 환경에서는 이렇게 처음부터 완벽한 상황을 기대하고 움직이려는 마인드가 삶의 질을 떨어뜨립니다.[3]

이러한 완벽주의의 그림자에는 '거대 자기'가 있습니다. 코헛은 무기력의 기저가 거대 자기에 있다고 보았는데요. 완벽하게 하려고 하니, 오히려 시작이 어려운 겁니다. 이 거대 자기는 자신이 거대하고 우월해야 한다는 신념이 있어서 과도한 이상적 기준을 설정해놓고 그것에 도달하지 못하면 스스로를 가차 없이 깎아내립니다.

이런 거대 자기의 뒷배경에는 융통성이 낮은 가족 분위기도 얽혀 있습니다. 어떤 조건에 이르러야만 내가 사랑받는 존재라는 피드백을 받을 수 있었다든지 '완벽한 사람만 인정받을 수 있다, 절대로 실수해서는 안 된다'는 비현실적인 신념 속에서 자란 경우도 있죠. 거대 자기에는 편향된 나르시시즘도 숨 쉬고 있습니다. 예를 들어 '난 왜 이 모양이야' 하면서 우울해하는 경우, 그 기저에는 '아, 나는 반드시 잘나야 할 사람인데, 왜 나에게 이런 일이!'라는 거대 자기가 깔려 있다는 거죠.

모든 일에는 양면이 있습니다. 완벽주의도 어여쁜 마음으로 들여다보면 거기에는 '나 정말 잘하고 싶어'라는 강한 의지와 책임감이 굳건하게 버티고 있다는 걸 알 수 있습니다. 하지만 완벽이 성취감을 떨어뜨리고, 오히려 한 발짝도 제대로 나아가지 못하게 한다면 어떨까요?

심리치료사 페트루스카 클라크슨Petruska Clarkson은 진정한 성장은 과정 중에 일어나는 혼란스러움과 실패를 있는 그대로 수용할 때 이루어진다고 보았습니다. 뭔가 덜 되어진 기분이 들어도, 한 걸음 한 걸음이 더디게만 느껴지고 당장은 후퇴하는 기분이 들어도 내 무의식은 이 모든 과정 속에서 준비하고 있다는 것, 삶은 일직선이 아니라는 것을 받아들일 때 완벽주의의 틀에서 조금이나마 홀가분해질 수 있습니다.

합리적 정서행동치료를 만든 앨버트 엘리스Albert Ellis는 우리를 완벽에의 틀로 묶어놓는 것이 비합리적 신념들에서 기인한다고 보았습니다. 그중 몇 가지를 알아볼까요.

모든 사람에게 사랑과 인정을 받아야 하는가

물론 사람은 누구나 사랑받고 인정받고 싶어합니다. 하지만 '모든 사람에게 사랑받는다'를 전제로 삼으면 사는 게 힘들어집니다. 어느 그룹에 가든 그렇지 않나요? 잘해준 것도 없는데 나를 좋아해주는 사람이 있는가 하면, 내가 잘못한 것도 없는데 이유 없이 나를 싫어하는 사람도 있죠.

사람들은 각자 상황(이해관계, 기분, 친밀도)에 따라 상대를 대하는 태도가 그때그때 달라질 뿐입니다. 그런데 '모든 사람'이 나를 좋아해야 한다는 비합리적 신념을 갖기 시작하면 운신의 폭이 자유롭지 못합니다. 뭐 하나를 하려고 해도 타인의 비난과 비판이 두려워 앞으로 나아가기 힘들기 때문입니다. '나를 좋아하지 않는 사람이 있는 건 자연스러운 일이지. 나도 세상 모든 사람을 좋아하는 건 아니니까' 하고 역지사지의 마음을 갖는 게 좋습니다.

가치 있는 사람이 되려면 모든 측면에서 능력 있고 합리적이며 유능해야 하는가

마에스트로를 인터뷰하면서 재미있었던 점은 그가 자신의 분야에서는 두각을 나타내지만 막상 양말도 짝 맞춰 신지 못해 아내에게 잔소리 듣는다는 이야기를 들었을 때였는데요. 어쩌면 공평할지도 모른다는 생각을 해봤습니다. 사람의 에너지는 한정되어 있는데, 어떤 한 분야에서 그 정도로 성취하려면 얼마나 많은 시간과 노력을 쏟아부었겠어요.

가치 있는 사람이라고 해서 모든 면에서 완벽할 수는 없을뿐더러, 그러한 비합리적 신념을 갖게 되면 자신이 숨 막히는 삶을 살 수밖에 없습니다. '나는 완벽한 사람이어야 한다'라는 비합리적 신념을 가지면 조금이라도 어긋나는 순간 (단지 조건의 일부가 충족되지 않은 것임에도) '무능한 사람'이라는 딱지를 붙이고, 쓸데없는 열등감에 사로잡히게 됩니다.

이런 쓸데없는 열등감은 모든 면에서 완벽해야 한다는 우월감에서 비롯되는 경우가 많습니다. 그러한 관점을 갖고 있으면 타인에게도 그러한 비합리적 신념을 기대하게 됩니다. 특히 부모가 이런 신념을 갖고 있으면 자녀들은 숨막혀 하면서 어긋나버리는 경우가 많죠.

모든 문제에 완벽한 해결책이 있는가

양자역학을 다룬 〈포논phonon〉이라는 다큐멘터리를 본 적이 있습니다. 책상이나 의자 같은 고체 사물도 그 단면에는 미세한 입자들이 끊임없이 움직이고 있다는데요. 고체 사물도 균일하게 고정되어 있는 게 아니라면 우리를 찾아오는 문제가 과연 고정된 것일까요? 문제가 움직이고 있는데, 고정된 해결책이 있을까요?

사실 마음이 불안할수록 우리는 완벽한 해결책을 찾고 싶어 합니다. 불안의 강도가 더해질수록 그런 방법을 찾지 못하면 파국이 올 것 같은 두려움이 밀려오기도 하죠. 하지만 여러 내담자를 만나면서 제가 얻은 통찰은 이렇습니다. "지금껏 싸워온 심리적 문제들은 여전히 남아 있을지도 모른다. 하지만 그 문제들이 남아 있더라도 일상을 살아가는 데 방해되지 않는다면 그것으로도 충분하다."

B는 남편이 술을 마실 때마다, 알코올 중독이 될까 봐 공포와 불안이 올라왔습니다. 이럴 때 아내 입장에서는 남편이 술을 줄이거나 끊는 게 가장 완벽한 해결책일 테죠. 하지만 술을 좀 끊으라고 말할 때마다 남편은 잔소리로 들을 뿐, 계속 마십니다. 아내는 남편이 술을 마실 때마다 계속 불안했습니다. 이때, '남편이 완벽하게 술을 끊어야 모든 게 끝난다'라는 해결책에서 벗어나, 남편이 술을 마실 때마다 올라오는 공포와 불안을 '조금이라도 완화시키기'로 유연하게 접근해나가자, 덜 불편해지기 시작했습니다.

사실 B의 아버지는 알코올의존자였고, 그런 아버지로 인해 가정이 붕괴된 아픔을 겪었기 때문에 남편이 술을 마실 때마다 다시 그러한 상황이 반복될까 봐 견딜 수 없는 공포와 두려움을 느꼈던 겁니다. 이럴 때는 유년의 불안했던 자신과 정서적인 접촉을 할 필요가 있습니다. 그 시절, 아버지의 역한 술 냄새로 벌벌 떨던 어린 나에게 다가가 그때 얼마나 외롭고 아팠는지 충분히 이해해주는 작업이 필요합니다.

불안했던 내면 아이의 마음을 충분히 수용해주자, 남편이 똑같이 술을 마시더라도 예전처럼 그렇게 죽을 것처럼 불안하고 두려운 마음까지는 들지 않았습니다. B 입장에서는 상황을 받아들이는 눈이 조금 더 편해진 것이죠. 정서가 안정되자 B의 잔소리 결도 달라졌습니다. "이 인간아. 술 좀 그만 마셔!"라고 남편에게 매일 소리를 질렀는데 분노가 줄면서 억양이 다소 부드러워졌어요. 처음에는 남편이 술을 마셔서 B가 잔소리를 했지만, 역방향으로 B가 잔소리를 하니까 남편이 술을 마시는 패턴이 반복되었는데, B가 잔소리를 줄이고 걱정하는 듯한 태도를 취하자 남편도 슬슬 술을 마시는 빈도가 줄어들었습니다. 이렇게 B가 조금 모자란 듯한 기분에도, 즉 남편이 백 퍼센트 술을 끊어야 속이 시원한데, 그렇지 않더라도 스스로의 마음을 충분히 수용하고 돌볼 때, 변화의 물꼬가 열리기 시작한 것입니다.

"모든 문제는 완벽한 해결책이 있다. 완벽한 해결책을 찾지 못하면 파국이 온다"라는 전제를 갖기 시작하면 상황을 경직된 눈으로 바라보게 되어 모 아니면 도라는 극단적 사고에 갇히기 쉽습니다. 하지만 모와 도 사이에 여러 갈래 길이 있고, 때론 제3의 길이 있다고 생각하면 보다 상황을 유연하게 바라볼 수 있습니다.

저 역시 완벽주의 성향 탓에 때로 앞으로 나아가지 못하고, 문제에 끈끈하게 사로잡힐 때가 있습니다. 그럴 때마다 아래와 같은 인지 구조를 다시 세워봅니다.

○ '거대 자기'에 절개선 내기

1. 완벽하지 않아도 '지금 상황에서 최선'은 무엇일까?

2. 완벽하지 않아도 '보다 더 나은 방법'은 무엇일까?

3. 완벽하지 않아도 지금 내가 할 수 있는 것은 _____이다.

큰 목표일수록
작게 쪼개기

어느 날, 그간 인터뷰했던 기사를 죽 정리하다가, 의미 있는 지점을 발견했습니다. 인터뷰 말미에 "앞으로의 목표는 무엇인가요?"와 같은 질문을 하곤 했는데, 시간이 흘러 목표를 이룬 사람들의 답변에는 한 가지 공통점이 있었던 것입니다. 목표뿐만 아니라, 그 목표에 도달하는 데 필요한 과정을 단기·중기·장기로 나누어 이야기했다는 점입니다. 흔히 "꿈꾸는 대로 상상하라! 상상하면 이루어진다"라고 하는데, 여기에는 한 가지 빠진 점이 있습니다. 그 꿈을 이루는 데 필요한 과정을 구체적으로 쪼개어 그려보는 게 더 효과적이라는 사실입니다. 실제로 내가 노력하고 있는 과정을 구체적으로 그리면, 그것이 단순히 꿈으로만 그치는 게 아니라, 도달할 수 있는 확률을 높여 목표 달성률이 올라갔습니다.[4] 예를 들어 시험 합격이 꿈이라면 하루에 몇

단원씩, 몇 쪽을 나누어 어느 장소에서 몇 시간씩 공부하고 있는, 즉 작업 과정 속 내 모습을 구체적으로 그려보는 게 더 도움이 되었다는 거죠.

작게 시작하기

인지심리학자들은 큰 목표일수록 작게 쪼개고, 작은 목표는 더 작게 쪼개길 권합니다. 작은 목표는 뇌의 주관적 피로도를 낮춰주기 때문입니다. 우리 뇌는 인식되는 어려움에도 반응하기 때문에, 나의 현 위치에서 봤을 때 그 목표에 도달하는 게 멀리 느껴질수록 피로도가 올라갑니다.[5] 예를 들어 '아침에 일어나면 줄넘기 천 개를 해야 한다'고 머릿속으로 그 이미지를 떠올려보는 것만으로도 피곤해지지요. 주관적 피로도를 줄이는 데 능숙한 사람은 이렇게 말합니다. "아, 아침에 수영장 가는 건 너무 싫지만, 또 막상 수영하고 오면 그렇게 몸이 개운할 수가 없죠. 그래서 아침에 눈 뜨면 이렇게 나를 달랩니다. 가서 수영 안 해도 좋으니까, 발만 담그고 오자고요." 그런 가붓한 마음으로 출발해서 수영장에 도착해 몸에 물을 적시기 시작하면, 또 사람 마음이 바뀌어서 수영할 마음이 생기고, 한 바퀴 턴을 하다 보면 두 바퀴, 세 바퀴를 돌면서 신나게 수영하게 됩니다.

이처럼 작게라도 일단 실행하면, 서서히 동력이 차오릅

니다. 뭔가를 시작하기 전에 마찰력을 느끼는 건 자연스러운 반응입니다. 그래서 시작은 가벼워야 합니다. 우리 뇌는 큰 변화를 만나면 익숙한 방향으로 후퇴하려는 습성이 있기 때문에, 작은 변화를 꾀하면서 부드럽게, 조금씩, 가볍게 시작하는 편이 낫습니다.

언젠가 한 선배 집에 갔는데, 방이 참 깔끔했습니다. "언니는 너무 부지런한 것 같아요"라며 칭찬을 했더니 타이머를 걸어 놓고 딱 15분 동안만 눈에 보이는 대로 청소를 한다고 했습니다. 그냥 15분 동안 눈에 보이는 대로 쓸고 닦는 거죠. 타이머가 끝나면 완벽하게 청소가 안 끝나도 어느 정도 마무리 짓는다고요. 이처럼 눈에 보이는 것이라도 매일 치우는 경우가, 나중에 시간 날 때 완벽하게 청소해야지! 하는 경우보다 훨씬 더 깨끗할 수 있습니다. 완벽한 결심, 한 치의 오차도 없이 해내겠다는 마음은 시작도 하기 전에 부담감을 불러오고, 달성하지 못했을 때 두려움과 자책을 키울 뿐입니다.

감정보다 힘이 센 작은 습관

그런 날이 있지 않나요? 오늘은 퇴근 뒤에 운동하고 공부한 다음 자야지, 하고 마음먹었는데 회사에서 화나는 일이 생기고 나니, 결심이 무색하게 퇴근 뒤 아무것도 하고 싶지 않습니다. 몸에 안 좋은 자극적인 음식을 안주 삼아 혼술하다 보니 시간은 이미 자정을 넘어갑니다.

도대체 왜 그런 걸까요? 의지력이 없기 때문일까요? 사실 누구나 스트레스를 받으면 안 좋은 습관으로 돌아가기 쉽습니다. 스트레스는 습관을 강화시키기 때문이죠.[6]

스트레스를 받아 감정적으로 소진되면, 우리는 의식적인 전두엽보다 반복적인 습관을 만드는 기저핵에 의지하게 됩니다. 피로해지면 에너지를 아끼기 위해 습관에 기대는 거죠. 하지만 나쁜 습관은 '내가 왜 그랬지?' 하는 자책감을 불러오고, 이는 다시 스트레스로 이어져 또다시 나쁜 습관을 반복하게 합니다.

한 가지 반가운 점은 좋은 습관도 굳건하게 형성되면 감정적으로 힘든 날에 나를 보호하는 우산이 되어준다는 것입니다. 우리 행동 중 약 45퍼센트가 습관에서 나오기 때문이죠.[7] 예를 들어 하루 30분씩 걷는 습관을 꾸준히 잘 유지한다면, 기분이 울적한 날에도 자신도 모르게 신발을 신고 걸어야 개운할 겁니다. 좋은 습관을 유지하는 것만으로도 기분이 나아질 수 있는 이유가 여기에 있습니다. 아무리 사소한 것이더라도 좋은 습관은 삶의 질을 높이는 데 도움이 됩니다.

우리 감정은 언제 어떻게 변할지 예측할 수 없기 때문에, 기분 좋을 때 하겠다는 결심은 지속성이 떨어지지만, 좋은 습관은 기분의 변화와 상관없이 밀고 나가게 하는 힘이 있습니다. 실제로 습관은 감정에 휘둘리지 않도록 해주어 자기효능감을 높여줍니다.[8] 인지치료에서 목표를 설정할 때, 중요하게 체크하는 부분이 목표를 향해 좋은 습관을 얼마나 구체적으로, 눈에 보일 만큼 생생하게 실천할 수 있느냐 하는 것입니다.

"불쾌한 기분을 더 이상 느끼고 싶지 않다"라는 목표는 너무 추상적일 수 있습니다. 이럴 때는 "내가 무엇을 할 때 소소하게라도 행복감을 느끼는가?"에 접근해봅니다. "자전거를 탈 때 기분이 좋다"면 하루 중 30분은 무슨 일이 있어도 자전거 타는 시간을 확보하는 거죠. 이때, 오늘 자전거를 탔다면 달력에 동그라미를 그려봅니다. 달력에 가득한 동그라미를 보면 기분이 좋아질 테니까요.

조금씩 더 나은 목표로 이끄는 데 효과적인 또 하나가 척도 질문입니다.

0	1	2	3	4	5	6	7	8	9	10
전혀 아니다				어느 정도 그렇다						매우 그렇다

예를 들어 운동을 아예 안 하는 상태가 0이라면, 요즘 내가 1의 상태를 유지하고 있다고 했을 때 +1의 차이는 어디에서 올까요? 자기 전에 스쿼트를 몇 개라도 꼭 하고 잔다고 칩시다. 이때 1에서 3으로 가려면 어떻게 해야 할까요? 퇴근할 때 한 정거장 전에 내려서 걸어보는 거죠. 3에서 5로 가려면? 주말 마라톤 모임에 참여해봅니다. 이런 식

으로 척도상의 나를 체크해서 작은 보폭으로 이동시키는 겁니다.

뇌에 보상회로를 만들면 더 즐겁게 이런 활동에 접근할 수 있습니다. 보상이 따를 때 우리는 꾸준히 하고 싶은 열망을 느끼거든요. 프로그램을 진행할 때, 마지막 시간에 '목표를 달성하면 스스로에게 작은 선물 주기' 파트를 넣는 것도 그런 이유 때문입니다.

거창한 선물이 아니어도 괜찮습니다. 틈틈이 스스로를 향해 씩 웃어주는 것도 보상이 될 수 있습니다. 입꼬리를 올리는 것만으로도 세로토닌, 도파민과 같은 기분 좋은 신경전달물질이 나오거든요. 그래서 우울을 치료할 때면 입에 볼펜을 물어 부러 입꼬리를 올리게도 합니다. 웃다 보면 '이야, 너 잘하고 있어. 참 예뻐' 하고 스스로를 인정하는 기분을 느낄 수 있습니다.

○ 작게 쪼개어 접근해보기

1. 이루고 싶은 목표를 떠올려봅니다.

2. 그 목표를 위해 나는 어느 수치만큼 행동하고 있나요?

0   1   2   3   4   5   6   7   8   9   10

전혀 아니다   어느 정도 그렇다   매우 그렇다

3. 지금 수치에서 1만큼 더 나아가기 위해서, 예전과 다르게 할 아주 작은
행동, 혹은 마음의 태도는 무엇인가요?

4. 이 목표를 이루는 데 장애물이 된 것은 무엇인가요? 그것은 어떤 수치만
큼 나를 힘들게 하나요?

5. 장애물 수치에서 1만큼 더 내려오기 위해 변화해야 할 아주 작은 행동,
혹은 마음의 태도는 무엇인가요?

6. 내가 지금보다 조금이라도 더 나아진다면, 스스로에게 어떤 작은 선물을
하고 싶은가요?

나를 가장 친한 친구처럼
바라보기

어느 날, 상담 녹취록을 풀다가 스스로에게는 해주지 못했던 말을 내담자에게는 자연스럽게 잘한다는 생각이 들었습니다. 내담자에게는 어려운 일이 생겨도 언젠가는 다 지나간다고 말해주었지만(정작 스스로는 당면한 문제에 끈끈하게 붙들려 있던 적도 많았고), 어떤 사람으로 인해 마음이 힘들다면 그가 그런 것일 뿐, 모든 사람이 그렇지는 않다고 이야기했지만(막상 내 문제가 되면 그 사람과 비슷한 사람만 봐도 화가 났으며), 우리는 신이 아니니 모든 것을 통제할 수 없다고 조언했지만(뜻대로 안 되는 것이 왜 이렇게 많을까 푸념하던 날도 있었으니) 말이죠. 어쩌면 스스로에게 필요한 말을 내담자에게는 물 흐르듯이 꺼내놓고 있었습니다.

그런데 가만히 살펴보면 누구나 친구가 어려움을 토로하거나, 힘들어할 때는 이런저런 위로를 하고 조언도 하면서, 막상 본인이 그 입장이 되면 상황을 객관적으로 보지 못하는 경우가 많습니다. 그래서 어떤 이슈가 생겼을 때, 내 일이 아닌, 가장 친한 친구에게 생긴 일이라고 가정하고 과연 어떤 조언을 해줄 수 있을지 생각해보면 매듭이 풀리기도 합니다.

어려운 고비를 슬기롭게 넘긴 이들 역시 지금의 나와 같은 경험을 하고 있는 누군가에게 어떤 조언을 해줄 수 있을지 생각해보면 답이 나왔다고 말합니다. 혹은 "미래의 관점에서 현재를 본다"는 경우도 많았는데요. 지금으로부터 몇 년 뒤, 내가 이 상황을 슬기롭게 극복했다면 그 이유가 무엇일지 가늠해보았다는 것입니다. 그러면 밀착된 문제에서 한 걸음 떨어져 상황을 객관적으로 볼 수 있기 때문입니다.

현재를 자석처럼 이끄는 미래의 상

우리는 지금 당면한 문제에 사로잡혀 앞을 못 보는 한편, 과거에 얽매이기도 쉽습니다. 특히 과거에서 문제의 원인을 찾는 데 많은 에너지를 소모합니다. 과거가 현재의 원인이라고 믿기 때문이죠. 물론 과거의 문제가 계속 부정적 영향을 끼치고 있다면 그 요인을 파악해 개선할 필요가 있습니다. 하지만 삶의 문제라는 게 무 자르듯이 하나의 요인과 답만 있는 건 아닙니다. 때로 그 문제에서 벗어나 각도를 틀어버리는 데서 해결책이 나오기도 합니다. 원인을 캐다 보면 오히려 그것에 매몰될 수 있습니다. 원인보다 본인이 나아가고자 하는 방향이 사람을 움직이게 하고 성장하게 하니까요.

셀리그만은 우리가 극복할 수 없는 환경에 반복적으로 노출되면, 나중에는 그 일을 해낼 수 있음에도 자포자기한다는 '학습된 무기력'에 대해 이야기했습니다. 훗날 그는 자신의 이론을 수정해 학습된 낙관성에 대해서도 강조했는데요. 우리가 근육을 기르듯이 낙관성도 충분히 학습할 수 있다는 겁니다. 특히 무기력 제거의 동력으로 긍정적 목표를 꼽습니다. 미래에 대한 목표가 뚜렷하다면 학습된 무기력에서 벗어나, 다시 시작할 수 있는 힘이 생긴다는 거죠. 아들러 역시 사람은 자신이 기대하는 미래에 비추어 현재를 살아간다고 말합니다. 한 인간이 성장하는 데에는 그가 가지고 있는 미래에 대한 어떤 상像이 마치 자석처럼 그의 내부를 뒤흔들고 있어서 우리는 그것을 향해 움직인다는 겁니다.

인터뷰를 하다 보면, 영업을 잘하는 사람들만의 공통점을 찾을 수 있었습니다. 고객을 설득할 때 '미래지향적인 상'을 건드려준다는 것인데요. 예를 들어 한 자동차 판매왕은 차를 팔 때 "이 차도 좋습니다. 하지만 아이가 태어나거나, 식구가 늘면 이 차는 좀 작게 느껴지겠죠"라며 고객이 자신의 미래를 상상하게 해 구매를 이끕니다.

자존감 연구자들은 삶의 만족감은 자존감 자체보다 자

신이 추구하는 것, 자신이 의미 있게 생각하는 미래의 목표에 달려 있다고 말합니다.[9] 그래서일까요? 현재 가진 것이 없어도 반짝반짝 빛나는 사람들을 보면 목표가 분명하다는 걸 알 수 있습니다.

또 하나의 공통점으로, 자신의 목표가 자신뿐만 아니라, 다른 이들에게도 도움이 되면 좋겠다는 공생적 마인드가 있었습니다. 이런 태도를 가지고 있기에 생활의 불편함을 해결하는 창의적인 아이디어를 내놓거나, 고객의 입장에서 만족감을 높일 수 있는 방안을 고안하거나, 어떻게 하면 내 일이 세상에 도움이 될지 끊임없이 연구하는 자세를 가질 수 있던 거죠.

몇몇 사람은 좋은 성과를 얻으면 아낌없이 기부하기도 합니다. 신체 밸런스를 고려한 구두를 만들어 히트를 쳤던 한 장인은 이렇게 말했습니다. "벌이 꽃을 찾아가는 것은 벌의 욕망에서 출발하지만, 먼 관점에서 보면 꽃의 수분을 돕기 위한 우주의 숨겨진 밑그림이거든요. 내가 한 것 이상으로 받은 많은 대가는 사회와 나누어야 한다고 봅니다."

시간이 흐른 뒤, 그들을 재인터뷰했을 때도 공통적으로 하는 답변이 있었습니다. 어려움에 봉착했을 때 신의 관점에서, 이미 해결된 미래의 관점에서 현재를 본다는 거였죠. 그런 눈으로 보면 현재의 문제를 어떻게 수정해야 하는지 보인다는 것입니다.

자기성찰지능이란?

보다 전방위적인 시선에서, 미래의 관점에서 현재를 재배열하는 데 매개가 되는 것이 바로 자기성찰지능intrapersonal intelligence입니다. 자기성찰지능이란, 자신이 어떤 목표를 가졌고 왜 이런 행동을 하는지 상위 자아 관점에서 폭넓게 성찰하고 이해하는 지능입니다. 자기성찰지능이 있으면 매몰된 '나'를 끄집어내어 제3자처럼 객관화해 바라볼 수 있는 힘이 생깁니다. 삶의 지형도를 살피고 방향을 가늠하는, 한 차원 높은 단계에서 나 자신을 바라보는 일종의 드론 역할을 하는 인지적 능력을 갖게 되는 거죠. 자기성찰지능은 타인의 마음을 읽어내고 반응하는 능력과도 이어져 성공으로 이끄는 연결고리가 되기도 합니다.

예를 들어 떡볶이 맛을 기막히게 내는 두 명의 요리사가 있어도, 자기성찰지능이 발달한 요리사는 그저 요리만 잘하는 게 아니라, 이 떡볶이를 어떻게 상품화하고, 어떻게 손님에게 홍보할 것이며, 자신이 손님이라면 가게의 어떤 요소에 매력을 느끼고 만족할지도 가늠합니다.

자기성찰지능을 강화하는 활동으로는 글쓰기나 가르치기, 자신을 제3자처럼 바라보며 복기하기 등이 있습니다. 머릿속으로 아는 것(1인칭)과 그것을 타자가 알도록 설명하는 것(3인칭)은 다른 차원이기 때문입니다. 그래서 실력을 키우려면 글을 쓰거나, 타인을 가르쳐보라고 합니다.

자신을 가장 친한 친구처럼 바라보며 제3자의 시점에서 조언해보는 것도 좋습니다.

올림픽에 참가하는 선수들이 이러한 자기성찰지능을 올리는 심상화 훈련을 많이 하는데, 이는 경기에 참여하고 있는 '나'를 '제3자'처럼 객관화해 바라보기 위해서입니다. 만약 양궁 선수라면 경기장의 흐름, 활을 쥔 손, 팽팽하게 활시위를 당기는 모습, 정조준하여 자신감 있게 쏘는 모습까지 마치 영화를 보듯 객관화해서 보는 것이죠. 이렇게 자신을 제3자처럼 바라보고, 목표를 향해 나아가는 모습을 선명하게 그릴 때 무의식의 이미지가 또렷해져 목표 달성률도 올라갑니다. 내가 꿈꾸는 모습을 영화 속 한 장면처럼 그려보면 어떨까요?

O 내가 꿈꾸는 장면을 생생하게 떠올린 다음, 제3자의 시각에서 바라봅니다.

1. 무엇이 보이나요?(시각)

2. 어떤 소리가 들리나요?(청각)

3. 장면 속 무언가를 만졌을 때 그건 어떤 느낌인가요?(촉각)

4. 향기나 냄새가 난다면 어떤 향인가요?(후각)

5. 맛이 있다면 어떤 맛일까요?(미각)

6. 그 장면 속 나를 따뜻하게 바라보며 미리 축하하고 격려해보세요.

7. 목표를 이룬 나를 보면 누가 기뻐할지도 떠올려보세요.

○ 지금으로부터 1년 뒤, 내가 지금 처한 어려움을 성공적으로 극복했다면
  그 이유는 무엇일까요?

○ 만약 아끼는 친구가 나와 비슷한 상황에 처해 있다면, 제3자의 입장에서
  어떤 조언을 해줄 수 있을까요?

공감각을 활용해
일상의 질 높이기

한 후배는 퇴근 후 운동하는 게 귀찮으면, 좋아하는 스포츠 선수가 열심히 운동하는 영상을 보고 헬스장에 간다고 합니다. 하기 싫은 운동에 대한 이미지를 동경하는 스포츠 선수의 역동적인 이미지로 전환해 동기부여로 삼는 것이죠. 이처럼 '하기 싫다'라는 느낌 위에 그것을 해냈을 때 기분 좋은 느낌이나 이미 그것을 잘하고 있는 사람을 떠올려보는 건 무의식에 생기를 주는 좋은 방법입니다. 우리가 무언가를 시작하려고 할 때, 자신도 모르게 긍정적 감정 혹은 부정적 감정을 느끼기 마련인데, 이는 현재의 컨디션, 과거에 겪었던 경험 등이 뒤섞여 자연스럽게 올라오는 반응입니다. 어떤 일을 처음 할 때, 싫다는 느낌에 사로잡혀 제대로 시작하지 못하는 경우가 있는데, 그때는 자신이 바라는 심상을 불러일으킬 수 있는 기분 좋은 내부 감각을 활용해보면 도움이 됩니다.

긍정적 내부 감각으로 감정 정화하기

자신의 분야에서 롱런하는 사람들을 인터뷰하면서 느낀 점은, 그들은 시작하는 과정에서 느끼는 부정적 감정을 긍정적으로 전환하는 데 명수라는 것입니다.

우리는 외부 감각과 이로 인해 올라오는 내부 감각을 동시에 갖고 있습니다. 예를 들어 세상을 떠난 친구와 도란도란 이야기 나누던 공원이 눈앞에 있습니다. 이때 내 눈에 들어온 공원은 망막에 비친 외부 이미지입니다. 그런데 공원을 보면서 떠오른 친구 얼굴은 내부로 심상화된 이미지죠. 이때 공원 벤치 위, 낙엽 떨어지는 소리가 들린다면 외부 소리를 들은 것입니다. 하지만 친구가 보고 싶어서 그 소리가 구슬프게 들린다면 내부 소리를 들은 거죠. 더불어 바람이 불어와 춥게 느껴졌다면 외부 신체감각을 느낀 것입니다. 그때 문득 '아 마음이 황량하고 아프다'라는 감각이 느껴졌다면 내부 신체감각을 느낀 겁니다.

외부 감각은 우리가 통제하기 힘듭니다. 그러나 내부 감각은 공감각을 활용해 새로운 장면으로 전환할 수 있죠. 예를 들어 볼까요?

집에 돌아와 욕실을 바라봅니다(외부 이미지). → 불 꺼진 욕실을 보니 몸이 무겁게 느껴지면서 피로가 몰려와 씻는 게 귀찮아집니다(내부 신체감각). → '에라 모르겠다. 잠이나 자자'라는 내부 소리가 들립니다(내부 소리). → 그대로 곯아떨어집니다.

이제 피곤해서 씻기 싫은 부정적 감각을 긍정적 내부 감각으로 전환해봅니다.

집에 돌아와 욕실을 바라봅니다(외부 이미지). → 불 꺼진 욕실을 보니 몸이 무겁게 느껴지면서 피로가 몰려와 씻는 게 귀찮아집니다(내부 신체감각). → 이때 올라오는 부정적 감각을 충분히 수용한 뒤, 욕실에서 따뜻하게 샤워를 하고 있는 나를 떠올려봅니다(긍정적 내부 이미지). → 이완된 몸, 보들보들해진 피부, 향기로운 보디로션을 바르는 나를 상상해봅니다. 개운하다는 느낌이 듭니다(긍정적 내부 신체감각). → 가붓한 마음으로 욕실로 들어갑니다.

이처럼 피곤해서 씻기 싫은 내부 감각을 깨끗한 몸, 향기로운 거품과 보디로션, 개운하다는 감각으로 치환하면 욕실로 들어갈 의욕이 생깁니다.

보디가드 이미지 찾기

감각이 예민한 내담자들을 만날 때 제가 쓰는 공감각 활용 기법이 있습니다. 올라오는 불안이나 공황을 그림 그리듯이 끌어내 전환하는 방법인데요. "불안이 어떻게 느껴지나요? 영화의 한 장면처럼, 보이고 들리고 느끼는 대로 묘사해보세요"라고 하면 "뭔가 철심으로 나를 감고 있는 듯한 압박감이 느껴져요", "11월의 차갑고 불안한 바람처럼 느껴져요"처럼 자신의 신체감각을 섬세하게 표현합니다. 사실 이러한 불편한 내부 감각은 우리를 외부 자극으로부터 보호하기 위한 일종의 방어입니다. 이때 이러한 내부 감각을 판단하거나 평가하지 않고, 반가운 친구처럼, 혹은 날 보호하려는 보디가드 반응처럼 여기는 것도 좋습니다.

그래서 저는 이렇게 묻습니다. "살면서 무언가로부터 보호받았던 적이 있나요? 포근하고 따뜻한 느낌을 받았던 적이 있나요?" 다양한 답변이 나옵니다. 어릴 때 키워주신 할머니, 비 올 때 우산을 가지고 와준 엄마, 다리를 다쳤을 때 학교까지 매일 태워준 아버지, 성당에서 기도할 때 느껴지던 고요함, '너는 할 수 있다'던 선생님의 말 한마디, 빙판길에서 손 잡아준 친구, 꿈에서 예수님 등에 기대어 울던 장면, 절에서 산책하던 평화로움. 그 이미지를 차용해서 긍정적 내부 감각으로 전환하는 과정을 함께해봅니다.

A는 출퇴근길에 터널을 운전해 지날 때마다 공황이 올라와 힘들었습니다. 그때 느끼는 내부 감각에 대해 물었더니 "터널이 무너질 것 같다. 안전벨트가 가슴을 파고드는 것 같아 힘들다"라는 답이 돌아왔습니다. 그래서 살면서 무언가로부터 보호받았던 적이 있는지, 있다면 그것이 무엇

이었는지, 그것을 상징적 이미지와 감각으로 이끌어낸다면 어떨지 등을 물었더니, '복순이'라는 강아지 이야기를 들려주었습니다.

어렸을 때 약해서 동네 친구들한테 자주 맞았는데, 하루는 마당에서 키우던 복순이가 자신을 괴롭히던 친구 발목을 물고 놔주지 않더란 이야기였죠. 복순이는 상당히 신경질적이어서 숙제를 할 때마다 짖어대 싫어했는데, 그 사건 이후로 복순이한테 잘해주게 되었다고요. 그래서 터널에 진입해 가슴이 두근거릴 때마다 "안녕, 복순이 왔구나. 나 지켜주려고. 고마워"라고 회피하지 않고 반갑게 맞이해준 다음에 터널을 통과해보니 안정감을 느낄 수 있었다고 합니다.

과열된 교감신경을 이완된 부교감신경으로 전환하는 게 불안 완화의 원리인데, 자신을 불편하게 하는 감각이 올라왔을 때 그것을 회피하지 않고 친밀하게 수용했기에 불안한 신체감각이 긍정적 내부 감각으로 바뀐 것입니다. 이처럼 불안·강박·공황이 올라와서 힘들 때는 '얘네가 날 일부러 괴롭히려는 게 아니라, 나의 과열된 신경계를 보호하려고 그런 거구나, 일종의 보디가드 같은 거구나' 하고 따뜻하게 맞이해보세요.

O 공감각을 활용해 일상의 질 높이기

올라오는 불편한 감각을 A라고 칭해봅니다.

1. A를 있는 그대로 수용해봅니다.

2. A 위에 내가 좋아하는 이미지, 보호해주는 이미지(상상도 좋습니다)를 떠올려봅니다.

→ 어떤 생각과 느낌으로 바뀌었나요?

3. A 위에 기분 좋은 신체감각을 불어넣어봅니다.

예 | 자유로워. 홀가분해. 따뜻해, 보드라워, 설레, 시원해.

→ 어떤 생각과 느낌으로 바뀌었나요?

4. A의 위에 긍정적 내부 소리를 들려줍니다.

예 | 가다 보면 길이 보일 거야. 처음부터 잘하는 사람은 없으니까.
　　나를 내가 사랑하는 연인처럼 대한다면?

→ 어떤 생각과 느낌으로 바뀌었나요?

절제가 안 될 땐
디소시에이트로

화가 나거나 억울한 일을 겪으면 무의식에서는 당시 상황을 반복해 재생 버튼을 누르는 경향이 있습니다. 이건 자연스러운 현상이죠. 그렇게 해야 앞으로 비슷한 상황에 처했을 때 더 잘 대처할 수 있기 때문입니다. 하지만 1인칭 시점에서 계속 리플레이 버튼을 누르다 보면 출구를 찾기 힘들어집니다. 똑같은 생각에 갇히는 사고 패턴이 일어나기 때문인데요.

그래서 프로그램을 진행할 때 구성원들끼리 친밀감이 형성되면 10회기쯤에는 '내 인생의 영화 만들기' 섹션을 넣습니다. 현재 반복적으로 떠오르는 상황을 영화로 재구성해보는 것입니다. 영화의 주인공은 누구인지, 등장인물들은 누구인지, 무대는 어디인지, 사건의 발단은 무엇인지, 갈등 지점은 무엇인지, 해결 지점은 무엇인지, 장면을 통해 깨달게 된 점은 무엇인지 등, 짧은 시나리오를 써보게 합니다.

다른 구성원들이 그 시나리오 속 인물을 맡아 연기를 하기도 하는데, 자신의 영화를 공개하기 부담스러우면, 영화의 내용은 비공개로 하되, 이 모든 상황을 영화처럼 바라본다면 무엇을 느끼는지, 이를 통해 내가 깨닫게 된 점은 무엇인지에 대해 이야기 나누는 시간을 갖기도 합니다.

이렇게 내 마음에 걸리는 지점을 영화로 끄집어내어 심리적 거리를 두고 바라보는 것을 디소시에이트dissociate라고 하는데, 말 그대로 '분리하다'라는 뜻입니다. 무언가 올라올 때, 그것을 누르거나 억압하는 대신 '마음챙김' 하며 관찰자 시선에서 바라보는 것입니다. "바라보면 사라진다"라는 원리이죠.

사회심리학자인 제임스 페니베이커James W. Pennebaker는 트라우마에 시달리는 이들에게 당시 상황을 글로 쓰게 했습니다. 그런데 '나'라는 1인칭으로 글을 쓸 때보다 3인칭 관찰자 시점으로 썼을 때 자신의 감정에 압도당하지 않으면서도 그때의 상황을 보다 더 잘 이해하고 성찰할 수 있었습니다. 1인칭으로 글을 쓸 때는 당시 트라우마 상황에 밀착되어 휘말리기 쉽지만, 3인칭 관찰자 시점에서 쓰면 스스로를 객관화할 수 있는 심리적 공간이 생기기 때문입니다. 디소시에이트는 고착화된 사고 패턴에서 벗어나게 하고, 우리가 원하지 않는 행동을 절제하기 힘들 때 활용하면 효과적입니다.

디소시에이트로 작게 만들어보기

예를 들어 좋아하는 떡볶이가 눈앞에 있습니다.

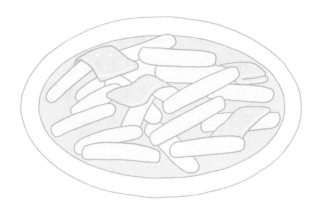

김이 모락모락 나는 쫄깃한 떡볶이를 보니 군침이 돕니다. 그런데 이 떡볶이가 아주 멀리, 콩알만 하게 작아졌다고 상상해보세요. 색도 흑백으로 바뀌었고, 차갑게 식어버린 채 파리도 한 마리 빠져 있다고 상상해봅니다.

이렇게 거리가 멀어지면 먹고 싶은 욕구가 약해집니다. 같은 대상이더라도 그것의 크기가 작아질수록, 어두워질수록, 흐릿해질수록, 활동성이 없을수록, 소리가 작아질수록, 무게가 가벼워질수록, 온도가 차가워질수록 욕구가 줄어듭니다.

특히 자제력을 발휘해야 할 때는 그것을 부정적인 것과 연합해보면 도움이 됩니다. 예를 들어 먹고 싶은 음식에 벌레가 빠져 있다거나, 곰팡이가 피었다거나 누군가 침을 뱉어 두었다고 심상화해보는 거죠.

대상을 부정적인 것과 연합해 아주 작게, 멀리, 흑백으로 디소시에이트하면 선명도가 떨어져 영향력이 미약해집니다. 그래서 신경-언어프로그램$_{NLP}$[10]에서는 이를 활용해 자제력을 높이는 방법으로 쓰고 있습니다.

디소시에이트를 활용한 둔감화

"원하지 않는 것을 아주 작게, 작은 점으로 만들어봤거든요. 그래도 사라지지 않고, 자꾸 떠오를 때는 어떻게 해요?"

그럴 때는 아예 수십 개, 수백 개, 수천 개로 증식해 둔감화해봅니다. 예를 들어 밤에 자려고 누웠는데, 달콤한 생크림 케이크가 먹고 싶습니다. '먹지 말자!'라고 하면 더 먹고 싶죠. 그때는 산처럼 쌓여 있는 케이크를 떠올려봅니다. 케이크가 천 개, 만 개로 불어나서 다 먹어야 한다고 상상해봅니다.

수백 개의 생크림 케이크가 온 방을 채웠는데, 유통기한이 지난 생크림에서 시큼하고 꼬릿한 냄새가 난다고 상

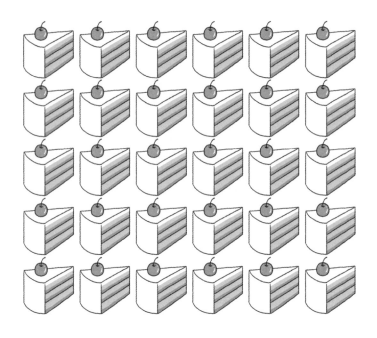

상해보세요. 상한 생크림 케이크에 초파리가 알을 낳아, 덕지덕지 붙어 있는 알 군집들도 떠올려봅니다. 이렇게 수백 개로 불어난 상한 생크림 케이크를 상상하면 속이 더부룩해지면서 먹고 싶은 마음이 사라집니다.

한 연구[11]에 의하면 이렇게 질릴 정도로 많은 이미지를 상상하면 먹고 싶은 충동이 잦아들었습니다. 먹방을 보며 식욕을 잠재우는 것도 둔감화의 한 형태로 볼 수 있습니다. 한두 접시 맛있게 먹는 모습을 보면 따라 먹고 싶지만, 언덕처럼 수북이 쌓인 음식을 먹는 것을 보면 시청자 입장에선 시간이 흐를수록 속이 부대끼니까요.

디소시에이트를 활용한 물상화

무언가 하고 싶다는 충동이 올라오면 그것을 눈에 보이는 것으로 만들어 거리를 두는 방법도 있습니다. 고시를 준비하던 한 내담자는 휴대전화에 크린랩을 감아두었습니다. 아주 좋은 방법이죠. 휴대전화에 손이 가다가도 칭칭 감긴 랩을 보면 자제하게 되니까요. 이렇게 직접 눈으로 볼 수 있게 물상화하면 잊어버리더라도 '아, 맞아' 하고 브레이크를 밟을 수 있습니다.

한 내담자는 남자친구한테 데이트 폭력을 당했는데도 계속 만나는 게 이슈였습니다. 데이트 폭력 가해자를 보면 365일 때리는 게 아닙니다. 잘해줄 때는 꿀 떨어지듯 잘해주기 때문에 벗어나기 힘든 거죠. 그래서 사진을 활용해 물상화 작업을 같이 한 적이 있습니다. 남자친구한테 맞아 멍이 든 부위를 사진으로 남겨 그 위에 파란펜으로 칠한 다음, 벽에 붙여두었습니다. 마음이 약해져서 연락을 다시 받고 싶을 때는 벽에 붙은 사진을 떠올리며 받지 않음으로써 관계를 정리할 수 있었습니다.

이처럼 어떤 행동을 자제하지 않았을 때 찾아오는 실패와 어려움을 사진이나 그림으로 물상화한 다음, 접촉의 충동이 올라올 때 그것을 바라보며 거리를 두는 것은 큰 도움이 됩니다.

요즘 SNS 중독으로 힘든 경우가 많은데요. SNS를 자

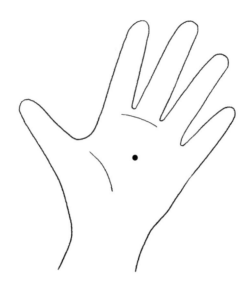

주 확인해서 업무에 몰입할 수 없다면 집중 명상을 활용해 디소시에이트하는 방법도 있습니다. 잡념이 올라와 마음이 어지러울 때는, 손바닥에 점을 하나 찍어보세요.

잠시 멈추고, 이 점에만 정신을 집중해봅니다. 그러면서 자연스럽게 숨을 들이쉬고 내쉬어보세요. 점만 집중적으로 바라보면 생각이 그치면서 고요함이 깃들게 됩니다.

이는 사마타奢摩他 명상의 원리를 활용한 것입니다. 사마타 명상은 어느 한 곳에만 의식을 집중해 마음과 대상이 하나 되는 명상법인데요. 마치 돋보기를 모아 종이를 태우듯이 집중적으로 점을 바라보면 내 눈 뒤의 참나와 합일되어 잡념이 사라집니다. 내가 누구이고, 내가 몇 살이고, 내가 성별이 무엇이고와 같은 분별을 떠난 자리와 만날 수 있어 의식을 리셋하는 데 도움이 됩니다.

○ **디소시에이트를 활용해 절제력 발휘해보기**

1. 떨쳐내고 싶은 상황이나 대상을 떠올려봅니다.

2. 현재 그것에 대한 느낌은 어떤가요?

좋은  나쁜

3. 현재 그것에 대한 강도는 어떤가요?

강한

약한

4. 그 대상을 아주 멀리, 작게 만들고 소리가 있다면 볼륨을 0으로 줄여보세요.

5. 현재 그것에 대한 강도는 어떤가요?

강한

약한

6. 내가 좋아하고, 사랑하는 것을 떠올려보세요.

7. 그것에 대한 느낌은 어떤가요?

좋은  나쁜

8. 마음이 홀가분해질 때까지 처음으로 돌아가 다시 디소시에이트를 해봅니다. 이때, 대상을 바라보는 나 자신도 아주 작아져 부드럽게 공기 중에 스미는 상상을 해보세요.

4장

다양한 나와의
자기 연결성 맺기

머리로는 알아도 행동으로 이어지지 않을 때,
때로 나 자신이 왜 이런지 알 수 없을 때 우리는 갈등합니다.
하지만 다양한 나와 자기연결성을 갖게 되면
보다 통합적인 자기 안에서 에너지를 얻을 수 있습니다.
4장에서는 다양한 나를 살펴봄으로써 보다
유연한 자기연결감을 만들어가는 과정을 함께합니다.

고통을
허용할 수 있는 용기

인턴 기자 시절, 수능에서 고득점을 받은 학생들을 릴레이로 인터뷰한 적이 있습니다. 하루는 한 대학에 수석으로 입학한 학생을 인터뷰했는데요. 그 친구는 당시 어려운 형편 가운데 우수한 성적을 얻어서 많은 관심을 받았죠. 기사의 방향성은 '환경은 중요하지 않다. 노력으로 승부한다'로 잡혀 있었습니다. 하지만 속으로는 '음, 그래도 머리가 좋으니까 어려운 환경 속에서도 좋은 성적을 거뒀겠지'라고 생각하며 약속 장소에 나갔지요. 그런데 이 친구를 만난 뒤, 큰 깨달음을 얻었습니다. 공부 잘하는 비결 좀 알려달라 하니, 이렇게 말하는 것이었습니다.

"공부할 때 집중이 힘든 건 화가 나거나, 걱정거리가 자꾸 생각나서예요. 아빠는 왜 소식이 없는 걸까. 우리 엄마는 왜 힘들게 식당 일을 하는 걸까……. 이런 잡생각이 떠오를 때마다 저는 용서 기도를 해요. 공부에 집중하지 못하는 저 자신까지 용서한다고 말한 뒤에 문제집을 펴요. 공부하는 순간만큼은 용서하고 잊는 게 가장 큰 집중 비결이었던 것 같아요."

열아홉밖에 안 된 그 친구에게서 저는 최상의 마인드컨트롤 비법을 얻었던 것입니다. 우리가 통제할 수 없는 것을 통제하려고 할수록 삶의 질은 떨어질 수밖에 없습니다. 그 자책감은 오롯이 스스로에게 돌아가기 때문이죠. 반면 있는 그대로 삶을 받아들이고, '할 수 있는 것'에 집중하는 태도는 심리적 문제들이 여전히 남아 있더라도 기꺼이 통과해 자신이 가치를 두는 방향으로 나아가게 합니다.

기꺼이 느끼고 흘려보내기

도스토옙스키의 소설 《백야》에는 이런 대목이 나옵니다. "흰곰에 대해 생각하지 않으려고 애써봐. 그러면 그 짜증 나는 녀석은 매 순간 네 머릿속을 파고들 거야."

사회심리학자 대니얼 웨그너Daniel Merton Wegner는 이 문장을 읽고 정말로 그런지 실험을 해보았습니다. A그룹의 참여자들에게는 5분 동안 흰곰에 대해 생각하지 말라고 하고, B그룹 참여자들에게는 흰곰에 대해 자유롭게 생각하게 했는데요. 그 결과 억제당한 A그룹이 흰곰에 대해 더 많이 생각했습니다. "어떤 일에 대해 생각하지 말자"고 할수록 더 많이 떠오른다니 참 아이러니하죠? 심리적 경험은 통제할 수 있는 대상이 아니기 때문입니다. 오히려 통제하고 제거하려고 애쓸수록 고통은 커집니다.[1]

바닥에 떨어진 휴지는 그냥 주워서 쓰레기통에 버리면 되지만, 우리 마음은 그렇게 쓰레받기에 담아 버리듯이, 없앨 수 있는 게 아니거든요. 어떤 일이 자꾸 떠올라서 괴로워하는 내담자를 만나면 저는 그 일을 그냥 배경화면처럼 두라고 권합니다.

저 역시 잡념이 많은 편입니다. 지금 해야 할 일과, 마구 떠오르는 잡념 사이에서 길을 헤맬 때가 있죠. 우울하거나 화가 나면 일이 손에 안 잡히기도 합니다. 그럼에도 배경지에 지금 느끼는 감정과 생각들을 띄워놓고 메인 화면에서는 지금 해야 할 일을 합니다. 그러다 보면 어느새 배경지가 흐려지고 메인 화면만 남게 되죠. 그러다 또 산만해지면 배경지가 다시 떠오릅니다. 그럴 땐 억압하기보다는 '네가 이렇게 자꾸 찾아오는 걸 보면 그럴 만한 이유가 있겠지' 하고 따뜻하게 인정해주고, 관찰자의 시선에서 알아차려봅니다. 이렇게 생각을 지우려고 애쓰지 않고 뒷배경으로 자연스럽게 흐르도록 두면, 심리적 불순물을 제거하려고 애쓰는 에너지를 비축할 수 있습니다.

수용전념치료[2]에서는 내 안에서 올라오는 모든 반응을 있는 그대로 수용하되, 내가 원하는 삶을 향해 나아가기를 권합니다. 심리적 고통은 없애려고 할수록 그것에 더 휘말리게 되기 때문입니다.

심리학자 릭 브라운Rick Brown은 자기 통제가 어려운 사람들에게서 한 가지 특성을 발견했습니다. 바로 고통스러운 감정을 수용하지 못하고 회피하려 한다는 점이었습니다. 반면 자신의 부정적 감정에 잘 접촉해 기꺼이 경험하는 사람일수록 일의 성취가 높고 정신 건강도 잘 유지하는 걸 볼 수 있었습니다.[3]

사람이 명료한 사고를 할 수 있을 때가 언제인지 아시나요? 어떤 생각과 감정이 올라오든 그것을 수용하려 할 때입니다. '아, 그런 생각이 들었구나. 그럴 수 있지' 하고 자기 자신에게라도 내적 허용을 받으면 심리적 여유 공간이 생기기 때문에 부정적 감정을 조망할 수 있는 힘을 확보하게 됩니다.

정서와 자존감에 관한 연구들을 살펴보면 결국 이런 이야기로 수렴됩니다. "사람이 자존감이 낮아질 때는 자신의 내부에서 올라오는 생각, 감정을 부정적으로 느끼고 미워할 때다." 올라오는 생각, 감정은 무의식에서 솟아나는 분수와도 같기 때문에 컨트롤할 수 있는 영역이 아닙니다. 그런데 이것들도 알고 보면 나름의 의도와 메시지를 갖고 있습니다. 대부분 그것들을 정면으로 느끼기 싫으니까 차단해버리거나 부정적 라벨을 붙여서 무의식 깊숙이 밀어 넣고 말지만요.

내적 수용력을 발휘하기 위해서는 어떻게 해야 할까요? 저는 융의 대극의 역설을 권하고 싶습니다. 융은 우리 내면의 빛과 그림자가 통합될 때, 한쪽으로 쏠린 에너지의 리듬이 복원되어 전체적 균형감 속에서 회복될 수 있다고 보았습니다. 아래와 같이 대극의 양쪽 측면을 골고루 수렴해봅니다.

생각 안 하는 게 좋지만, 생각하는 것도 괜찮다.
조용한 게 좋지만, 시끄러운 것도 괜찮다.
안정된 게 좋지만, 불안정한 것도 괜찮다.
이기는 게 좋지만, 지는 것도 괜찮다.
기분이 상쾌한 게 좋지만, 불쾌한 것도 괜찮다.
집중이 잘 되는 게 좋지만, 산만한 것도 괜찮다.
가진 것도 좋지만, 못 가져서 홀가분한 것도 괜찮다.

겹의 허용

하루는 누군가가 이렇게 물었습니다. "아무리 그 사람을 수용해보려고 해도, 얼굴만 떠오르면 화가 나서 감정 컨트롤이 안 되는데, 이럴 땐 어떻게 해야 하나요?"

저는 '겹의 허용'에 주목하고 있습니다. '겹의 허용'이란 예를 들어 A로 인해 마음이 불편해져서, A에 대해 아무리 수용력을 발휘해보려고 해도 잘 안 될 때는 그냥 '허용이 안 되구나'라고 생각하는 겁니다. 하지만 A로 인해 불편해진 마음에 대해서는 충분히 수용해주는 거죠.

하루는 내담자 C에게 겹의 허용에 대해 이야기해주었습니다. C는 당시 겪었던 상처는 잊기 어렵고, 그러한 상처를 준 사람을 죽을 때까지 용서할 수 없다고 했습니다. 하지만 그 상처로 인해 불편하고 아파하는 자신의 마음을 충분히 수용하고 나니, 잠들기가 수월해졌다고 했습니다. "그것을 허용할 수 없더라도, 그것으로 인해 올라오는 내 마음 수용하기"는 심리적 공간을 확보하는 좋은 방법입니다.

압박감에 시달리는 한 내담자와 함께 겹에 허용에 대한 심상화 작업을 함께 진행해보았습니다. '✹'가 스트레스를 나타내는 기호라면, 괄호 안은 심리적 공간입니다. 스트레스로 압박감을 느낄 때면 그것을 회피하지 않고 기꺼이 경험한 다음 점점 괄호를 벌리며 심리적 공간을 확장해보는 것입니다.

(✳)

↓

(✳)

↓

(•)

↓

(•)

　　사실 '✳'은 외부의 스트레스로부터 균형을 잡는 과정에서 생긴 내면의 울혈이기도 합니다. "알고 보면 내 편이구나. 날 지키려고 그랬구나" 하고, 사랑과 자비의 마음으로 심리적 공간을 확장해보세요.

O 고통을 허용할 수 있는 용기

1. 내 마음을 답답하게 하는 문제는 무엇인가요?

2. 만약 그 문제가 사라져버린다면 나는 _____ 할 것이다.

3. 여전히 그 문제가 있음에도 내가 _____ 할 수 있다면
   그 비결은 무엇일까요? 어떤 태도를 갖고 행동했을 때인가요?

4. 스트레스가 올라올 때면 제거하려고 애쓰기보다 기꺼이 경험해보세요.
   그다음 계속 붙들고 있기보다 심리적 공간을 점점 확장해봅니다.

나도 잘 모르는
내 마음

　내담자들은 신뢰감을 쌓기 전까지 표면적인 이슈만 꺼내 놓는 경우가 많습니다. "요즘 잠이 안 오고, 마음이 불안해서 왔다"라고 운을 떼지만 회기가 거듭되면 비로소 진짜 이슈를 조심스럽게 말합니다.

　그런데 첫 회기부터 자신의 이야기를 술술 잘하는 경우도 있습니다. 한 내담자는 "저는 어릴 때부터 왕따를 당해왔어요. 그때부터 우울증이 생겼고요"라며 마치 명함 한 장 건네듯이 아무렇지 않게 이야기를 꺼냈습니다. 가만히 듣다 보니 그 안에 오래된 침대 하나가 놓여 있다는 걸 알아차렸습니다. 여기에는 '그래, 침대에만 있지 말고 이젠 세상 밖으로 나가야지' 하면서도 '아, 이렇게 있으니까 좋네. 세상과도 단절되어 있고. 이런 고립감 좋다. 내가 우울해하니까 가족이 날 챙겨주기도 하네. 상담 선생님이 이해해주기도 하고.

우울이 나의 맨 살갗을 보호해주기 때문에 벗고 싶지 않다'
는 2차적 의도가 숨어 있기도 했습니다.

양가감정 다루기

변화하기 위해서는 익숙하게 쥐고 있던 무언가를 놓아
야 합니다. 머리로는 알고 있습니다. 하지만 탄성에 따라
되돌아가려는 이 마음을 어떻게 해야 할까요? 누구나 더
나은 사람이 되고 싶고 성장하길 바라지만, 다른 한편에서
는 그 상태에 그냥 머무르고 싶어 하는 마음이 숨어 있기도
합니다. 이때, 한쪽만을 성급하게 편들다 보면 시소가 기울
듯이 균형이 깨지기 쉽습니다. 그 반대 극에 숨어 있는 마
음을 충분히 읽어주지 않으면 역설적이게도 원하는 것과
정반대의 결과를 초래할 수 있기 때문입니다.

저항은 어쩌면 자연스러운 현상입니다. 사람은 누구나
빠르게, 많이, 즉각적으로 변화하기를 강요받을 때, 자신의
체계가 깨질까 봐 두려워집니다.[4] 우울로 인해 침대에서 못
빠져나오는 것도 마찬가지입니다. 머릿속으로는 이미 많은
것을 미리 생각합니다. '일어나서 씻어야 하는데, 복학해야
하는데, A도 해결해야 하고 B도 처리해야 하고, C도 해야
하는데…….' 그럴수록 무의식은 이 모든 과정이 부담스러
워집니다. 이런 리스트가 늘어날수록 저항이 일어나, 주관

적 피로도도 커집니다. 주관적 피로도는 이런 리스트로부터 자신의 현재 위치가 멀수록 더 커집니다.

자기 자신에게 너무 큰 짐을 주지 마세요. 플래시를 켜고 20미터씩 일단 눈에 보이는 만큼만 전진해도 충분합니다. 모르는 건 모르는 채로 두고, 오늘 하루를 잘 보내보는 것이죠. 내가 원하지 않아도 계속 집착하는 마음속에는 어떤 위안과 만족이 있는지 살펴보세요. 더 나아지고 변화하길 원하는 마음과 만사 귀찮고 변화하기 싫은 마음, 이 두 마음속에 있는 긍정적 의도를 충분히 읽어주는 겁니다.

예를 들어 운동하러 가야 하는데, 가기 싫습니다, 이런 마음에는 어떤 긍정적 의도가 있을까요? 저 멀리, 높은 하늘에서, 제3자의 입장에서 내 마음을 바라봅니다. 운동을 가야 하는데 가기 싫은 이유는, 피곤하기 때문입니다. 오늘 하루가 고단했으니, 맛있는 것을 먹고 쉬고 싶지요. 그럼 편히 쉬면 되는데, 왜 스트레스를 받을까요? 마음 한편에는 운동해서 건강한 몸을 유지하고도 싶고, 헬스장에 낸 회비가 아깝기도 하고, 나와의 약속을 깨뜨리는 게 싫기도 하기 때문입니다. 이런 두 가지 마음이 팽팽한 줄다리기를 하는 것입니다. 이럴 때는 두 가지로 나뉜 마음(쉬고 싶다 vs 아니다, 운동하자)의 긍정적 의도를 읽어주는 거죠.

- 쉬고 싶다 → 긍정적 의도: 오늘 고단했다. 나를 좀 편히 쉬게 하고 싶다.

- 아니다, 운동하자 → 긍정적 의도: 이렇게라도 나를 일으켜 세워서 건강하게 만들어주고 싶었다니. 그런 멋진 마음이 있었네.

이렇게 긍정적 의도를 읽어주기만 해도 팽팽하게 대립하던 내면의 싸움은 잦아듭니다. 운동을 가지 않으면서도 편히 쉬지 못하고, 운동을 가면서도 억지로 하는 분열된 마음이 통합되어 가지요.

펄스는 우리 내면에는 상전top dog과 하인under dog이 동시에 존재한다고 말합니다. 상전은 초자아(도덕적 요구)에 어긋나면 스스로를 비난하며 호통을 칩니다. 상전은 완벽한 이상적 자아상이 있어서 그것에 조금만 도달하지 못해도 무섭게 후려칩니다. 반면 하인의 이드(본능적 욕망)는 상전이 비난할 때마다 청개구리처럼 튕겨져 나갑니다. 때로는 상전이 원하는 바와 전혀 다른 극을 향해 치닫기도 하고, 그때마다 죄책감을 느끼기도 합니다. 이렇게 상전과 하인으로 분열되어 서로 싸우면 우리가 스스로의 삶을 위해 쓸 수 있는 에너지가 고갈됩니다. 일종의 자기고문 게임self-torture game에 사로잡히는 거죠.

펄스는 상전의 말과 하인의 말 모두에 귀 기울여주고, 한 팀으로 나아가게끔 격려하길 권합니다. 단지 하나의 마음만 있다며 스스로를 다그치고, 강요할 때 마음은 분열되어 병들기 때문입니다.

더 나아가 내 안에 빛과 그림자가 동시에 있다는 걸 알아차리면, 타인의 한 측면만 보고 몰아붙여 미워하는 마음에서도 더 자유로워질 수 있습니다.

긍정적 의도 찾기

우리는 원하지 않으면서도, 어떤 일에 계속 집착할 때가 있습니다. 저 역시 인터넷 중독에 빠진 적이 있습니다. 대학 시절 학교에 갔다오면 과제도 안 하고, 빨래도 안 하고, 청소도 안 한 채 인터넷 접속부터 하는 거죠. 머리로는 '아, 내가 또 접속하면, 사람이 아니다!'라고 하면서도 어느새 인터넷 삼매경에 빠져 있었습니다.

당시 인터넷은 제게 외로움에 대한 '정서적 충족감'을 주었습니다. 갓 스무 살, 서울에 혼자 올라와 살던 그때는 낯선 도시에 떨어진 이방인 같았거든요. 우리가 원치 않음에도 그것을 붙들고 있는 데는 그 안에 다른 긍정적 의도가 있기 때문입니다.

예를 들어 밤늦도록 깨어 게임하는 긍정적 의도는 무엇일까요? 마음껏 자유를 누리고 싶은 겁니다. 스트레스도 해소하고 게임하는 사람들과 연결되고 싶기도 한 거죠.

그럼 해야 할 일을 자꾸 미루는 긍정적 의도는 무엇일까요? 완벽하게 하고 싶은데 그러지 못할까 봐 불안함이 드는 거죠. 혹은 마지막까지 미루면서 느끼는 아슬아슬함이나 벼락치기를 통해 집중력을 높이고 싶은 겁니다.

간절히 원하는 것은 피하고, 그다음 것만 선택하는 긍정적 의도는 무엇일까요? 전력을 다해 1순위에 도전했다가 실패할 때 받는 상처가 두렵고 싫은 거죠. 적당히 안전거리를 확보한 2순위에 있는 게 마음 편한 겁니다.

자신의 의사표현을 제대로 하지 않는 긍정적 의도는 무엇일까요? 튀는 행동을 하지 않음으로써 사람들과 잘 지내고 싶은 것, 미움받고 싶지 않은 것입니다.

어떤 일을 그만두고 싶은 긍정적 의도는 무엇일까요? 내가 소중히 여기는 가치를 존중받지 못했거나, 잘하고 싶었는데 인정받지 못하는 마음, 하는 데까지 해봤는데도 안 통하는 마음, 좀더 자유롭게 나아가고 싶은 욕구가 반영되어 있는 겁니다.

이렇게 자기 내부에 있는 긍정적 의도를 접촉하고 허용하면 새로운 길이 열립니다. 내가 원하지 않는 어떤 것을 반복한다면 그것이 어떤 위안과 만족을 주는지 잘 살펴보세요. 그것을 보다 긍정적으로 대체할 수 있는 대안 행동과 태도는 없는지 찾아보고요. 그것을 포기하는 데서 오는 상실감을 수용할 수 있을 때 비로소 그에 대한 의존도를 줄일 수 있습니다.

O 긍정적 의도 탐색하기

1. 바꾸고 싶은 행동을 떠올려보세요.

2. 그것이 자신의 삶에 어떤 문제를 초래하는지 살펴봅니다.

3. 설사 역기능적 행동이더라도 그 안에는 나를 살리려는 긍정적 의도가 숨어 있습니다. 그 안에는 어떤 긍정적 의도가 숨어 있을까요?

4. 긍정적 의도를 충족하는 대안적 태도와 행동을 탐색해 리스트로 써보세요.

이쪽과 저쪽 사이에서
길을 헤맬 때

"그림을 그리고 싶은데, 막상 퇴사하려니 겁이 나요. 어렵게 들어간 회사이고, 연봉이나 복지도 괜찮거든요." 내담자 P는 본격적으로 작품 활동을 하고 싶은데, 막상 회사를 그만두면 경제적인 측면에서 어려움이 있을 것 같다고 토로했습니다.

"그런데 회사에 묶여 있으니, 내 꿈이 사라지는 것 같아 무기력해져요. 활발하게 작품 활동하는 친구를 보면 '내 인생은 그냥 이렇게 끝나는 건가?' 싶고요. 공모전 날짜가 얼마 안 남아서 집에 와서 뭘 좀 해보려고 하면 피곤해서 잠만 자고……."

P는 퇴사해 그림을 그리고 싶은 마음과 어렵게 들어간 회사인 만큼 계속 다니고 싶은 마음 사이에서 갈등하고 있었습니다. "저 한심하지 않나요? 상담 올 때마다 이렇게 할

까? 저렇게 할까? 계속 이러고 있잖아요"라며 고개를 흔들었습니다.

P뿐만이 아닙니다. 대부분 사람 심리가 그렇죠. 이쪽과 저쪽 사이에서 길을 헤맬 땐 '이걸 하면 저게 힘들어지고, 저걸 하면 이게 아쉬운데……' 같은 순환 고리로부터 쉽게 빠져나오기 힘듭니다.

우리 안에는 자신도 모르는 부분적 자아가 숨어 있습니다. 이 자아들은 선택의 기로에 섰을 때 각자의 방향으로 나뉘어 존재를 분열시킵니다. 전공, 직업, 배우자, 이사 등과 같이 삶의 굵직한 이슈를 선택할 때만이 아니라 '이 옷을 살까? 저 옷을 살까? 이 메뉴를 먹을까? 저 메뉴를 먹을까?' 등 일상의 소소한 선택 앞에서도 부분적 자아끼리 서로 갈등합니다.

우리가 이런 부분적 자아들의 내적 분열을 충분히 존중할 수 있을 때, 서로 상반된 에너지의 동력 안에서 새로운 해결책을 그려볼 수 있습니다. 부분적 자아 속에 있는 억압된 생각이나 충동까지도 용기 있게 접촉해 이 부분들과 차츰 화해할 때, 무의식은 본래의 생명력을 복원할 수 있기 때문입니다. 한 발 더 나아가 심상화 과정[5]까지 거치면, 보다 통합적인 관점에서 자신을 바라볼 수 있습니다. 아래는 P의 부분적 자아들의 양측 관점을 심상화해 통합하는 상담 과정을 요약한 것입니다.

Q: 퇴사를 통해 내가 얻고자 하는 것은 무엇인가요? 무엇을 하고 싶은가요?

P: 그림을 잘 그리고 싶죠. 공모전 준비도 하고 싶고요. 무엇보다 방해받고 싶지 않아요. 그림 그리는 데 충분히 시간을 쓰고 싶어요.

Q: 그림에 집중하는 자신을 떠올렸을 때 어떤 이미지가 보이나요? 크기와 질감이 있다면요? 색깔이나 소리는요?

P: 열정적인 빛이요. 그리고 싶은 색깔이 보여요. 그림 속에 나 자신이 들어가 있어요.

Q: 회사를 다니면서 내가 얻고자 하는 것은 무엇인가요?

P: 안정적인 수입과 규칙적인 생활이요.

Q: 안정적인 자신을 떠올렸을 때 어떤 이미지가 보이나요? 크기와 질감이 있다면요? 색깔이나 소리는요?

P: 매달 숫자가 불어나는 통장, 그리고 단단한 원목 가구 같은 게 느껴져요.

Q: 퇴사해서 열심히 그림 그리는 모습을 떠올렸을 때는 열정적인 빛, 그리고 싶은 색깔, 내가 그림 속에 있는 게 느껴지고, 회사를 계속 다니는 모습에서는 매달 숫자가 불어나는 통

장, 단단한 원목 가구 같은 게 떠오른다는 거죠? 두 이미지를 섞었을 때 떠오르는 이미지가 있나요? 크기, 질감, 색깔, 소리가 있다면요?

P: 안정적인 원목 책상 위에서 그림을 그리고 있어요. 책상 위 창문을 통해 빛이 흘러들어 오고요. 그런데 책상이 집에 있지 않고 밖에 있어요. 어떤 캡슐 같은 곳에 있어요.

Q: 그 이미지를 통해 받은 영감을 있나요? 있다면 어떤 새로운 행동을 할 수 있을까요?

P: 집에 오면 나태해지니까, 퇴근 후 집으로 바로 가지 않고 작업실을 얻어서 한두 시간이라도 그림을 그리다 집에 가고 싶어요. 이번 공모전은 기한이 촉박하지만, 다음 공모전도 있으니까요. 야근이 늘어날 때는 주말에라도 작업실에서 한두 시간 그리고요.

P는 이외에도 본인이 통합한 이미지에서 얻는 영감에 대해 다양한 이야기를 했습니다. 퇴사해서 전업 작가의 길을 갈 것인지, 아니면 꿈을 포기하고 계속 회사를 다닐 것인지. 즉, '모 아니면 도'라는 생각에 사로잡혀 있던 자신에게서 벗어나 새로운 길을 찾았습니다. 반드시 어떻게 해야 한다는 생각에 밀착되어 있을 때는 시야가 좁아져 있었지만, 심상화를 통해 자유롭게 자신의 욕구에 접촉하자, '퇴근 후 작업실'이라는 창의적인 대안이 떠올랐던 것입니다.

이렇게 양쪽 자아가 원하는 이미지를 서로 자유롭게 풀어놓고 통합하면 의식 밖으로 올라오지 못했던 새로운 해결책과 만날 수 있습니다.

심상화 과정은 일상 속 사소한 고민에도 활용할 수 있습니다. 이것과 저것 사이에서 고민이 될 때는 이것이 주는 이점과 그 이점을 떠올렸을 때의 이미지, 그리고 저것이 주는 이점과 그 이점을 떠올렸을 때의 이미지를 통합하면 색다른 길이 열리기도 합니다. 내담자 K는 지하철로 출퇴근하고 싶은 마음과 자차를 몰고 출퇴근하고 싶은 마음 사이에서 갈등하고 있었습니다.

[K의 사례] 지하철로 출퇴근하고 싶은 마음 vs 자차로 출퇴근하고 싶은 마음

Q: 지하철을 타고 출퇴근하면 어떤 좋은 점이 있을까요? 무엇을 하고 싶은가요?

K: 출퇴근길에 독서를 하며 시간을 잘 활용할 수 있죠.

Q: 지하철에서 독서하는 나를 떠올리면 어떤 이미지가 보이나요? 크기와 질감이 있다면요? 색깔이나 소리는요?

K: 의자에 앉아 독서하는 내가 떠오르고, 전철에서 글자들이 떠다니는 것 같아요.

Q: 그럼 자차를 몰고 출퇴근하면 어떤 좋은 점이 있을까

요? 무엇을 하고 싶은가요?

K: 나만의 공간에서 출퇴근하는 아늑함을 누리고 싶어요.

Q: 나만의 공간에서 운전하는 나를 떠올리면 어떤 이미지가 보이나요? 크기와 질감이 있다면요? 색깔이나 소리는요?

K: 음, 제 차는 튜닝을 해서 노란색이에요. 그래서인지 갑자기 호박 마차가 떠오르네요.(웃음)

Q : 아, 지하철을 탔을 때는 독서하는 나와 떠다니는 글자들이 보이고, 자차를 운전할 때는 호박 마차가 떠오르나 봐요. 두 이미지를 섞었을 때 떠오르는 이미지가 있나요? 크기, 질감, 색깔, 소리가 있다면요?

K : 호박 마차에서 글자들이 막 떠다니는 게 느껴집니다.

Q : 이러한 이미지를 통해 받은 영감이 있나요? 있다면 어떤 새로운 행동을 할 수 있을까요?

K : 음, 자동차에서 오디오북 듣기? 아니면 하루는 지하철, 하루는 운전하는 식으로 병행해도 좋을 것 같아요.

이렇게 부분적 자아들의 긍정적 의도를 읽어주면, 한쪽 자아를 억압하지 않아도 보다 통합된 관점에서 통찰을 얻을 수 있습니다. 궁극적으로 내가 얻고 싶어 하는 긍정적 의도가 무엇인지 충분히 귀 기울여주고, 심리적 방어를 뛰어넘어 이미지화하면 내가 고집하는 한 가지 방식에서 벗어난 다양한 길이 흘러나옵니다.

내 안에 분열된 자아들은 나를 괴롭히는 게 아니라, 나를 더 잘 살게 하고 싶어 하는 과정에서 생긴 두 개의 물줄기 같은 거니까요. 부분적 자아들이 양쪽에서 뭐라고 하는지 충분히 들어주고, 그것을 머리로 생각하고 판단하기보다 통합된 이미지로 만나게 할 때 갈라졌던 물줄기가 하나로 모여 절묘한 답을 내놓기도 합니다.

○ 이쪽과 저쪽 사이에서 헤맬 때는?

1. 서로 어떤 갈등 중인 A와 B가 있나요?

  A _____ vs B _____

2. A를 통해 내가 얻으려는 것은 무엇인가요? ('~하고 싶다'로 풀어보세요.)

  나는 _____ 을/를 하고 싶다.

3. 그런 나에게서 어떤 이미지가 보이나요? (형태와 크기, 질감, 색깔, 소리 등)

4. B를 통해 내가 얻으려는 것은 무엇인가요?('~하고 싶다'로 풀어보세요.)

  나는 _____ 을/를 하고 싶다.

5. 그런 나에게서 어떤 이미지가 보이나요?(형태, 크기, 질감, 색깔, 소리 등)

6. 두 이미지를 통합하면 어떤 게 떠오르나요?(형태, 크기, 질감, 색깔, 소리 등)

7. 이 이미지를 통해 어떤 영감을 얻었나요? 어떤 새로운 행동을 취할 수 있을까요?

선택이 어려울 때,
세 가지 공간으로 가보기

하루는 부부 상담가인 지인을 따라 '결혼 만족도'에 관한 사례연구 세미나에 참석했습니다. 결혼 만족도에는 원가족의 환경, 살아온 내력, 가치관, 건강, 기질적 특성, 학력, 외모, 직업 등 여러 요인이 작용했지만, 좋은 배우자를 만난 사람들이 이구동성으로 말하는 지점은 다음과 같았습니다. "내 남편, 내 아내는 내가 아닌, 그 누구를 만나도 잘 살 사람이다"라는 것이죠.

문득 '사장으로 산다는 것'이라는 인터뷰 코너를 진행할 때 여러 대표가 했던 이야기와 일맥상통하다는 생각이 들었습니다. "선택에 지나치게 망설이는 것은 내 선택에 대해 책임지고 싶지 않기 때문입니다. 일단 선택했으면 그에 대해 책임을 지고, 내가 얼마나 좋은 방향으로 만들어가느냐가 중요하죠, 애당초 백 퍼센트 완벽한 선택이란 없어요"

라고 이야기했지요.

그럼에도 우리는 더 많은 선택지를 확보하려고 합니다. 좀더 후회 없는 선택을 하기 위해서죠. 그런데 선택지가 많다고 결과도 좋을까요?

가짓수가 늘어날수록 선택이 어렵다?

친구와 동대문 쇼핑센터에 간 적이 있습니다. 막상 수많은 옷가게를 둘러보니, 가짓수와 종류가 너무 많아서 어떤 것을 골라야 할지 혼란스러웠는데요. 그 많은 옷 중에서 고심하며 고른 스커트는 손이 안 가서 옷장에 넣어두었다가 이후 아는 동생에게 줘버렸습니다.

보통 고를 수 있는 범위가 넓을수록, 그리고 그 종류와 가짓수가 많을수록 가장 좋은 것을 선택할 수 있으리라 생각하지만, 결과는 좀 달랐습니다. 필요 이상의 정보는 오히려 선택을 방해하는 것으로 나타났지요.

심리학자인 쉬나 아이옌거Sheena Iyengar의 연구 결과에 의하면 여섯 종류의 잼이 진열된 곳에서는 방문 고객 중 30퍼센트가 구입했지만, 스물네 종류의 잼이 놓인 곳에서는 겨우 3퍼센트 고객만 잼을 사갔습니다. 진열된 가짓수가 적은 곳에서 무려 열 배나 높은 판매율을 보인 거죠.

선택의 폭이 좁으면 그냥 여기에서 잘 골라봐야지, 하

고 마음먹지만 가짓수가 늘어날수록 초조해집니다. 이렇게 종류가 많은데, 최고를 골라야 한다는 압박감에 판단력이 흐려지기도 합니다. 가짓수가 늘어날수록 선택을 아예 안 하거나, 엉뚱하게 몇 가지 정보에만 얽매여 고르기도 합니다. 그럼 자기연결감 속에서 보다 좋은 선택을 하기 위해서는 어떻게 해야 할까요?

무의식에 말 걸어보기

선택의 갈림길에 섰을 때, 정보의 장단점을 비교하고 분석한 뒤 A를 선택하기로 마음먹었다고 해봅시다. 그런데 이상하게 마음 한구석이 찜찜합니다. 고민을 거듭해 내린 결론은 A인데, 이상하게 내 마음은 B에 끌릴 때, 어떻게 해야 할까요?

한 연구[6]에서 참여자들에게 다양한 그림을 보여준 뒤 점수를 매기도록 했습니다. 그리고 마음에 드는 그림 한 장을 가져가게 했는데요. 3주 후 그림에 대한 만족도를 물으니, 꼼꼼하게 장단점을 비교한 뒤에 그림을 선택한 그룹보다 첫눈에 마음에 드는 그림을 가져간 쪽이 더 만족스러워했습니다.

왜 이런 일이 발생했을까요? 이 그림은 귀여운 동물 포스터이지만 어쩐지 촌스럽고, 저 미술 출력본은 안정감은 있지만 답답해 보이고……. 이렇게 장단점을 분석할 때마다 각 그림 간에 차이가 상쇄되어 자신의 진정한 선호도를 잃어버렸던 것입니다. 하지만 딱 봐서 마음에 든 그림을 가져간 이들은 자신의 무의식과 생각이 일치하는 방향에서 선택했기에 이후에도 만족감이 높았는데요. 중요한 선택의 갈림길에 섰을 때에 대해 인상적인 답변을 한 인터뷰이들이 있습니다. 집중해서 고심하다가 마지막에는 부디 올바른 결정을 할 수 있게 "자신의 영혼에 내어맡긴다"는 것이었는데요.

융은 영혼과 자신 사이에 연결된 내면의 끈이 있다고 말합니다. 때로 그것이 나쁜 방향이라면 여러 장애물이 등장해 막기도 하고, 사람이나 사건을 통해 시그널을 보내주기도 한다고요. 좋은 선택이라면 자신도 모르게 기분 좋은 느낌으로 물 흐르듯 나아가게 됩니다. 그래서 충분히 고심했으면 마음을 비우고 무의식적 직관에 내어 맡기는 편이 낫습니다.

또 다른 연구[7]를 보면, 어떤 결정을 하려고 할 때는 잠깐 주의를 전환해 다른 일을 하다가 선택하는 경우 더 높은 만족감을 보였는데요. A그룹은 마음에 드는 그림을 즉시 고르게 했고, B그룹은 면밀하게 장단점을 분석한 뒤 고르게 했습니다. C그룹에게는 그림을 살펴본 뒤 단어 찾기와 같은 엉뚱한 과제를 내준 다음 고르게 했죠. 이때 어떤 그룹이 장기적으로 자신이 고른 그림에 만족해했을까요? 바로 C그룹입니다. 결정을 내리기 전에 잠시 주의를 전환하는 것은 무의식이 정보를 처리할 수 있게끔 '마음의 공간'을 주는 것이기에 더 나은 선택을 할 수 있던 것입니다.

이는 시사하는 바가 큽니다. 지금 내 마음을 괴롭히고 있는 문제가 있다면 잠시 내려놓고 잊어버리는 거죠. 잠깐 바람을 쐬며 멍하게 있거나, 명상이나 심호흡을 하며 몸을 이완하는 것도 좋습니다. 밖에 나가서 무작정 걷는 것도 괜찮습니다. 몸에 좋은 음식을 먹고 한숨 푹 자는 것도 추천합니다. 이렇게 '에라, 모르겠다' 하고 다 내던진 채 뇌가 쉬게 되면, 엉켜 있던 지점이 무의식 속에서 재배열되어 더 나은 선택을 할 수 있게 되니까요.

그럼 결정을 내릴 때 무조건 직관적으로만 선택해야 할까요? 인지심리학자들의 조언에 따르면 나의 취향이나 선호도와 관련된 것, 특히 직업이나 결혼 등 인생의 굵직한 선택에 대해서는 직관에 맡기는 게 도움이 되지만, 물건을 구입하거나 보험에 가입하는 등 실용적인 선택을 할 때는 정보를 세부적으로 모아서 비교·분석해보는 게 좋습니다.

가장 좋은 방법은 일단 정보를 모아 꼼꼼하게 들여다본 뒤에 잠시 쉬면서 다른 일을 하다가 선택하는 거죠. 중요한 결정을 내려야 할 때는 다음 세 공간에 가보면 어떨까요?

○ 선택이 어려울 때, 세 공간에 가보기

1. 정보의 공간
선택에 도움이 되는 정보를 수집해서 열심히 비교·분석해봅니다.

선택에 도움이 되는 정보는 무엇인가요?

①

②

③

④

⑤

↓

2. 휴식의 공간
다른 일로 주의를 전환하거나, 재미있는 일을 하거나, 잠을 자며 쉽니다.

기분 전환을 할 수 있는 나만의 방법은 무엇인가요?

①

②

③

④

⑤

↓

3. 직관의 공간
결정할 때가 되면, 마음의 소리를 따라 선택합니다.

선택을 통해 진심으로 원하는 점은 무엇인가요?

①

②

③

④

⑤

나의
빛과 그림자

몇 년 전, 한 출판사로부터 '잘 되는 사람들의 특성'을
주제로 원고 청탁을 받은 적이 있는데요. 한창 쓰다가 멈
춘 이유는 '과연 A가 그렇게 했다고, B가 똑같이 하면 잘 될
까?'라는 의문이 들었기 때문입니다. 예를 들어 부지런해
야 성공한다고 하지만, (물론 부지런해서 성공한 사람들이 많
습니다.) 게을러서 '꼭 해야 할 일'에 효과적으로 도달할 수
있는 방법을 연구하다 보니 잘된 경우도 있고요. 초지일관
자세가 중요하다지만, 금방 싫증 내는 성격이 호기심으로
이어져 새로운 탐색과 개발로 성공한 경우도 있습니다. 계
획을 면밀하게 세워야 한다고 하지만, 도리어 계획이 없기
에 틀에 갇혀 있지 않아 유연함으로 기회를 포착한 경우도
있죠.

특히 창조적 일에 종사하는 사람들은 "내 재능은 도리

어 결핍에서 나온다. 결함과 창조적 능력은 동반자 관계에 있다"라고 말하곤 했는데, 이는 자신의 단점을 극복했다기보다 그 단점 덕분에 지금의 일을 하게 된 경우가 많음을 의미합니다.

장점과 단점은 어쩌면 종이 한 장 차이일지도 모릅니다. 이는 우리가 같은 사람을 볼 때도 드러납니다. 예를 들어 ○○은 A에게는 소심한 사람으로 보이지만, B에게는 성실하고 사려 깊은 사람입니다. △△은 C에게는 다혈질적이고 오지랖 넓은 사람이지만 D에게는 의리 있고 열정적인 사람입니다. 같은 사람이지만 각자의 방식대로 이해되는 여러 사람인 셈이죠. 이처럼 우리 모두는 한 사람이면서 여러 사람으로 살아갑니다. 어쩌면 사람을 사랑한다는 일은 그의 이런저런 면을 동시에 보면서도 소중한 한 사람으로 받아들이는 것인지도 모릅니다. 나무·바위·물·하늘을 하나씩 나누지 않고, 그저 하나의 자연 풍경으로 받아들이듯이 말이죠.

결핍은 성격의 꽃

제가 융과 아들러를 좋아하는 이유는 사람은 열등함과 고통 덕분에 성장한다는 관점을 갖고 있기 때문입니다. 성격적 단점의 뒷그림자에는 발화되지 못한 장점이 숨어 있습니다. 억제된 장점이 발현될 수 있는 때와 환경을 만나면 빛을 발하기도 하죠. 예를 들어 인터뷰했을 때 무대 체질인 사람일수록 공격성이 강하다고 느꼈습니다. 뭔가 좌중을 압도하는 카리스마가 억눌러둔 공격성에서 뿜어져 나오는 느낌이랄까요? 융은 공격성이야말로 잘 발현되면 가장 귀하게 쓸 수 있는 힘이라고 보았습니다. 내 안의 공격성을 억압하지 않고, 하고 있는 일이나 무대 위에서 잘 발휘해내면 반짝반짝 빛날 수 있다는 거죠.

또한 경쟁심이 강할수록 타인의 장점을 모델링하는 능력이 잘 발달해 있었습니다. 스스로 못생겼다고 생각할수록 패션 감각이 뛰어나거나 애교나 사교술이 발달해 있었죠. 변덕이 심할수록 타인의 감정을 잘 읽어내고 눈치가 빨랐습니다.

우리의 그림자에는 그 어둠을 보상할 강렬한 빛의 에너지가 숨어 있습니다. 자신의 단점을 무조건 버려야만 하고, 없애야만 하는 것이 아니라 '장점의 그림자'로 새롭게 재해석해보는 건 회복력을 키우는 데 꽤 중요한 지점입니다.

긍정적 성격 특성도 그렇습니다. 긍정적으로 보이는 성격도 항상 긍정적인 것만은 아니죠. 때론 긍정적 성격이 다른 측면에서는 한계와 제약이 될 수도 있습니다.

유전학자 위안 충 딩Yuan Chun Ding은 특정 유전자도 환경에 따라 그 우월함이 달라진다고 말합니다. 예를 들어 변화가 극심한 환경에서는 적극적이고 도전적인 성격이 유리하지만, 변화의 부침이 심하지 않은 환경에서는 신중한 사람이 자원을 더 안정적으로 확보해 잘 산다는 거죠.

예민해서 성공하는 사람들

"전 왜 시험만 다가오면 안절부절못하는지 모르겠어요. 그리고 누가 뒤에서 제 이야기를 조금이라도 나쁘게 하면 견딜 수 없어요."

꽤 오래 만났던 내담자 L은 작은 피드백에도 민감하게 반응했는데요. 성격 검사를 해보니 신경성 수치가 높게 나왔습니다. L처럼 신경성 수치가 높은 경우, 편도의 활성도가 민감해 외부적으로 거슬리는 지점을 잘 캐치하는 안테나가 있습니다. 성격심리학자들은 높은 신경성이 긍정적으로 발현될 경우, 남들이 못 보는 지점을 잘 포착해 더 나은 세상을 만드는 혁신가가 되기도 하고, 뛰어난 연구자나 예술가처럼 감수성과 사고력이 요긴하게 쓰이는 분야에서 멋지게 활약한다고 말합니다.

신경성과 학업성취도의 상관관계를 분석한 연구[8]를 보면 평소에는 신경성 수치가 높은 학생들이 자신의 불안을 동기 삼아 오히려 더 높은 성적을 냈습니다. 하지만 지나치게 스트레스를 받는 상황에서는 높은 신경성 수치가 도리어 독이 되었습니다. 높은 신경성이 반대로 무기력을 유발해 일의 능률을 떨어뜨렸던 거죠. 그럼 자신이 사소한 것에도 기민하게 반응하는, 편도의 활성도가 높은 사람이라면 어떻게 멘탈 관리를 해야 할지 궁금증이 생길 것입니다.

신경심리학자 토머스 보이스Thomas Boyce에 따르면 신경성 수치가 높은 경우, 나쁜 자극에 대해 강한 반응을 보였지만, 좋은 자극에도 강한 반응을 보였습니다. 똑같은 미술작품을 봐도 더 깊이 느낄 뿐 아니라 더 혁신적인 것, 새로운 것, 마음을 흔드는 것, 창조적인 것에 반응하는 정도가 더 뛰어났습니다. 마치 물감이 잘 스며드는 한지 같은 존재였습니다. 자신이 이 경우라면 주변 환경에 영향을 많이 받기 때문에 기분 좋은 환경을 제공해 스스로를 잘 배려할 필요가 있습니다. 나에게 영감을 주는 책, 사람, 여행, 걷기, 음악, 강의, 세미나 등으로 영혼에 생기를 주는 거죠. 자극에 민감한 만큼 자신이 긍정적 영향을 받을 수 있는 것들로 배치하는 게 중요합니다. 높은 신경성을 글쓰기나 예술 창작 등에 필요한 통찰력으로 활용하는 것도 좋습니다.

우리가 어떤 일을 추진할 때는 낙관성이 도움이 됩니다. 하지만 일을 추진하기에 앞서 상황을 분석하는 냉철함과 실행 중간에 어려움이 있으면 계획을 변경하는 융통성도 필요합니다. 이러한 심리적 숙고에 도움이 되는 게 예민한 안테나를 가진 이들의 직감이지요.

어떤 성격이든 백 퍼센트 좋기만 하고, 백 퍼센트 나쁘기만 한 것은 없습니다. 빛과 그림자가 다 있는 거죠. 융은 이렇게 말합니다. "나는 선한 사람이기보다 온전한 사람이 되고 싶다." 자신의 성격적 특성을 장점으로 발현해 자신만의 개성으로 만들어보는 건 어떨까요? 모든 존재는 자기만의 나이테를 가지고 있기에 자기 고유의 컬러를 사랑해주고, 물을 주면 타인이 따라 할 수 없는 나만의 꽃을 피워낼 수 있을 것입니다.

O 성격의 빛과 그림자 탐구

1. 아래 목록에서 내게 해당하는 성격의 그림자를 체크해보세요.

1 고집이 세다		2 눈치가 없다		3 다혈질이다	
4 느리다		5 쉽게 포기한다		6 질투가 많다	
7 예민하다		8 게으르다		9 계획성이 없다	
10 우유부단하다		11 수다스럽다		12 성격이 급하다	
13 숫기가 없고 소극적이다		14 매사 의욕이 없고 무기력하다		15 까다롭다	
16 성격이 어둡다		17 엄하다		18 금방 싫증낸다	
19 쪼잔하다		20 입이 가볍다		21 4차원이다	
22 처음에 적응력 이 떨어진다					

2. 위의 해당 숫자를 찾아 이러한 성격이 살면서 0.1퍼센트라도 도움이 된 점이 있다면, 그에 대해 써봅니다.

① 자기 주관이 뚜렷해 자신을 믿고 나아가는 힘이 있다.
이러한 성격이 도움이 된 적은?

② 솔직하다. 얍삽하지 않다. 당당하다.
이러한 성격이 도움이 된 적은?

③ 화끈하다. 감정에 충실하다. 추진력이 있다.
이러한 성격이 도움이 된 적은?

④ 신중하다. 여러 면을 살핀다. 꼼꼼하다. 과정을 음미한다.
이러한 성격이 도움이 된 적은?

⑤ 가능성이 있는 것에 투자한다. 쓸데없는 시간 낭비를 안 한다.
이러한 성격이 도움이 된 적은?

⑥ 눈썰미가 있다. 모방해 변형하는 능력이 있다. 잘되고 싶다는 성장 의지
가 있다. 이러한 성격이 도움이 된 적은?

⑦ 환경의 흐름을 잘 읽는다. 섬세하게 대처할 수 있다. 스스로를 보호할
수 있다. 이러한 성격이 도움이 된 적은?

⑧ 꼭 필요한 일, 해야 할 일에만 집중한다. 효율적이다. 나대지 않는다.
이러한 성격이 도움이 된 적은?

⑨ 유연성이 높다. 재치와 즉흥성이 높다. 자유롭다.
이러한 성격이 도움이 된 적은?

⑩ 양측의 좋은 점을 다 고려한다. 신중하다.
이러한 성격이 도움이 된 적은?

⑪ 밝고 활발하다. 재밌다. 분위기 메이커다.
이러한 성격이 도움이 된 적은?

⑫ 대범하게 나아가는 저력이 있다. 기회를 잘 잡는다.
이러한 성격이 도움이 된 적은?

⑬ 겸손하다. 나서다가 그르치지 않도록 잘 절제한다.
이러한 성격이 도움이 된 적은?

⑭ 재충전 중이다. 하고 싶은 것을 찾는 중이다. 당장은 더딘 것 같아도 무의식적 약동을 준비 중이다. 이러한 성격이 도움이 된 적은?

⑮ 자신의 취향이 확고하다. 타인의 말에 덜 휘둘린다. 관찰력이 있다.
이러한 성격이 도움이 된 적은?

⑯ 침착하게 주변을 뜯어보며 객관화하는 능력이 있다.
이러한 성격이 도움이 된 적은?

⑰ 책임감이 높다. 구성원들을 보호하려고 한다.
이러한 성격이 도움이 된 적은?

⑱ 호기심이 있다. 새로운 것에 대한 탐색과 열망, 사고의 확장성이 있다.
이러한 성격이 도움이 된 적은?

⑲ 계획적이다. 치밀하다. 책임지지 못할 일은 짊어지지 않는다.
이러한 성격이 도움이 된 적은?

⑳ 솔직하다. 의뭉스럽지 않다. 재담꾼이다.
이러한 성격이 도움이 된 적은?

㉑ 참신한 발상을 할 수 있다. 창의적이다.
이러한 성격이 도움이 된 적은?

㉒ 쉽게 물들거나 변하지 않는다. 스스로를 보호하는 힘이 있다. 시행착오
를 통해 배울 기회가 많다. 이러한 성격이 도움이 된 적은?

반대로 해보기

가끔 삶이 꽉 짜여진 틀처럼 느껴질 때면 큰 도화지에 아무렇게나 선을 그어봅니다. 마구 흘러가는 낙서의 흐름을 느끼면 생명력이 차오릅니다. 여러 생각과 고민으로 마음의 등이 굽어 있는 날에는 마치 초등학생이 된 것처럼 쭈쭈바 하나를 물고 노란 달이 떠 있는 산책로를 스적스적 걸어보기도 하고요.

하루는 한 선생님께 삶의 에너지를 어디에서 얻으시냐 여쭸더니, "무대 위에서 어른 행세하며 멋진 이야기를 많이 한 날은 집에 돌아와 훌라우프를 하고, 손주와 강아지를 데리고 잡기 놀이를 한다"라고 하시더군요.

우리가 사회생활을 잘하려고 애쓰고, 하루하루 주어진 삶을 올바르게 살아가려고 노력하는 과정에도 그림자가 생길 수밖에 없습니다. 극기의 과정에서는 기쁨도 느끼지만,

이 모든 걸 버리고 달아나고 싶은 그림자의 마음을 이해해 주지 못하면 잘 살던 사람이 어느 날 시소의 균형이 무너지듯 어긋나버릴 수 있습니다. 하지만 그림자를 친한 벗처럼 여기고, 때로 말도 안 되는 이야기를 하더라도 그럴 수 있다고 수용해주고, 숨구멍을 확보할 수 있게 열어두면 그림자에서 도리어 에너지를 얻을 수 있습니다.

미워할 수도 있고, 질투할 수도 있고, 다 때려치우고 싶은 마음이 들 때도 있습니다. 그럴 만하니까 그런 것이죠. 이러한 양극성은 자연스럽게 오르내리는 시소와도 같지만, 한쪽 극을 무조건 제거해야만 하는 나쁜 것으로만 보면 삶은 생동감을 잃고 맙니다. 우리 내면은 사랑과 미움, 따뜻함과 냉정함, 진지함과 가벼움, 주목받고 싶은 마음과 숨어버리고 싶은 마음, 강함과 약함처럼 빛과 그림자의 대칭적인 요소들로 이루어져 있으니까요.

아니마와 아니무스를 찾아서

융은 남녀가 사랑에 빠질 때, 자신의 억압된 양극성을 상대에게 투사하는 경우가 많다고 말합니다. 특히 나에게 결핍된 지점을 상대가 가지고 있거나, 나에게는 없다고 생각하는 긍정적 지점을 타인에게서 볼 때 사랑에 빠집니다. 예를 들어 수줍음 많은 여성이 씩씩한 남성에게, 조용한 남성이 발랄한 캔디 같은 여성에게 끌리는 것도 내 안의 숨겨진 양극성을 발견했기 때문입니다. 표면적으로 보면 반대 성향이 만난 것 같지만, 발달하지 못한 나의 지점을 상대에게서 본 것입니다.

흔히 "남자가 울면 안 돼. 남자다워야지"라든지 "여자가 조신하지 못하게 왜 저렇게 나대는 거지?"라고 말하지만 남성 안에도 아니마Anima, 즉 여성성이 있고, 여성 안에도 아니무스Animus, 즉 남성성이 잠재되어 있습니다. 하지만 성장하는 동안 남자는 무조건 남자다워야만 하고, 여자는 여자다워야만 한다는 관념 속에서 제한되고 말죠.

특히 남성은 자신의 아니마를 억누르면 오로지 현실적인 것, 실용적인 것에만 스스로를 가두게 됩니다. 자신의 정서적인 측면과 끊어지다 보면 그의 내면에 숨어 있는 아니마는 스트레스가 많은 날, 변덕스러운 히스테리를 부리기도 합니다.

여성 역시 자신의 아니무스를 피하고 억누르기만 하면, 어느 날 그녀 자신도 모르게 튀어나와 주변과 싸움을 벌이기도 합니다. 그러나 억압된 아니무스를 주체성, 독립성, 진취적인 에너지로 쓰면 든든한 나의 편이 되기도 합니다. 아니무스의 힘을 활용해 적극적으로 상대를 리드해보기도 하고, 어떤 목표를 정해서 용기 있게 추진해봅니다. 움직임이 활발한 운동을 통해 아니무스에 숨구멍을 열어놓는 것도 좋습니다.

남성이라면 평소에 내가 어떤 감정을 느끼는지 억압된 자신의 정서적인 측면도 잘 돌볼 필요가 있습니다. 자신의 마음을 글로 써보고, 직접 요리도 해보고, 멋진 옷도 골라보고, 애완동물을 키워보고, 꽃도 사서 책상에 놓아보는 등, 내면의 아니마를 잘 가꾸는 것도 도움이 됩니다. 이렇게 다른 극이 주는 역동 속에서 생명력과 활기가 생기니까요.

융은 아니마와 아니무스를 통해 우리가 통합적 원형을 그려나갈 때 비로소 삶이 조화와 균형을 회복할 수 있다고 역설합니다.

내 안의 양극성에 물 주기

아니마와 아니무스가 자아를 통합적으로 연결하는 통로가 된다면 페르소나Persona는 사회와 나를 연결하는 역할을 합니다. 페르소나는 우리의 사회적 역할에 맞는 얼굴입니다. 이 녀석이 있기에 주어진 일을 하고 적절하게 스스로를 보호하면서 생활해나갑니다. 하지만 '페르소나=나'라고 여기면 마치 가면이 내 민낯에 철석 달라붙어 떨어지지 않는 것처럼 갑갑함과 괴리감을 느낍니다.

서비스 직종에 있는 이들을 보면 종종 부자연스러울 만큼 고객에게 친절한 태도를 보일 때가 있는데요. 이런 경우, 본연의 나와도 잘 접촉할 필요가 있습니다. '나도 이상한 고객을 만나면 화도 나고, 싸우고 싶지만 직업적 페르소나 안에서 나름 애쓰고 있구나. 나 참 멋지다. 기특하다' 하고 양극적 측면을 억압하지 않고 이해해줄 필요가 있습니다. 페르소나 너머, 민낯의 나 자신도 충분히 사랑하고 아낄 때 페르소나 역시 나를 대표하는 사회적 역할을 톡톡히 해나갈 수 있습니다. 페르소나와 격차가 하나도 없는 사람은 이 세상에 없으니까요

양극적인 지점을 잘 활용하면 업무에도 도움이 됩니다. 예를 들어 내가 만약 판매자가 아닌 고객이라면? 남성이 아닌 여성이라면? 새 에어컨을 개발해야 한다면 따뜻한 온풍기에 대해 탐구해보거나, 지상의 건축물을 설계해야 한다면 지하에 있는 건축물에 대해 생각해본다거나, 반항아 이미지의 배역만 맡아왔다면 다정한 역을 맡아보는 식으로 인터뷰를 해보면 양극성 개발로 스스로 변화의 물꼬를 만들었다고 이야기한 경우가 많았습니다.

삶에서도 이런 반대 극을 활용하면 일상의 지루함을 타파할 수 있습니다. 예를 들어 소수와만 친밀감을 쌓아왔다면 모임에 가입해 다양한 사람을 만나본다거나, 피상적이고 비즈니스적인 관계만 맺어왔다면 친밀한 소수와 끈끈한 관계를 만들어본다든지요. 왼쪽 길로만 다녔다면 오른쪽 길로도 한번 가보고, 같은 곳에 오래 있었다면 새로운 곳으로 가보거나 이런 스타일의 옷만 입었다면 저런 스타일의 옷도 입어보는 거죠.

요즘 집착하고 있는 게 있다면? 반대로 놓아버릴 때 더 잘 풀릴 수도 있습니다. 역설의도paradoxical intention 기법이란 게 있습니다. 뭔가를 잘해야 한다는 마음이 커질수록 오히려 엇나가고, 잘하든 못하든 그냥 자연스럽게 해버리겠다는 마음일 때 더 좋은 결과가 나온다는 원리죠. 역설의도를 발휘할 때 도리어 억압된 반대 지점이 이완되면서 막힌 지점이 뚫리기도 합니다.

O 반대로 해보기

나에게 해당되는 항목을 아래에서 체크해봅니다. 그 반대편에는 어떤 양극성이 있는지도 살펴봅니다. 숨겨진 나의 양극성과 접촉해보면, 보다 통합된 에너지를 발휘할 수 있습니다.

1 난 강해야 한다. ↔ 나의 약한 면도 받아들인다.

2 조금도 손해 보고 싶지 않다. ↔ 가끔은 대가를 바라지 않고 베풀 수 있다. 주는 기쁨을 누린다.

3 매사 신중하고, 진지한 편이다. ↔ 내 안의 개구쟁이에게 뽀뽀해본다. 재밌는 일을 계획해본다.

4 침묵이 어색해 항상 먼저 말한다. ↔ 먼저 말하지 말고 가만히 그 상황을 있는 그대로 느껴본다. 상대가 말하면 귀 기울여 들어본다.

5 따뜻하고 온정적이란 소리를 듣는 편이다. ↔ 때로는 선을 긋고 내 할 일에 집중해도 괜찮다.

6 차가워 보인다는 이야기를 듣곤 한다. ↔ 따뜻하게 먼저 말을 걸어보고, 잘 들어준다.

7	주위에서 조용하고 얌전하게 보는 편이다.	↔	털털하게 웃고 떠들어본다. 같이 뭘 해보자고 상대를 먼저 리드해 본다.
8	덜렁거린다고 핀잔을 받는 편이다.	↔	한 번에 한 가지씩 천천히, 차분하고 우아하게 해본다.
9	상대의 사소한 말 한마디에도 상처받는다.	↔	스스로를 대단한 사람이라고 여기지 않는다. 상대의 행동과 감정과 생각을 '상대의 것'으로 돌려준다.
10	나와 다른 의견이나 비판에 마음이 상한다.	↔	그 의견에 일리가 있는지, 내가 놓친 부분은 없는지 살펴본다. 일리가 없다면 상황을 개그처럼 바라본다.
11	완벽을 추구하는, 강박적인 면이 있다.	↔	대충 해본다. 시작이 반이다. 두 번째에서 보완하면 된다고 생각한다.
12	두려움과 불안도가 높다.	↔	올라오는 감정과 생각은 날 보호해주려고 온 마음쿠션이구나, 하고 꼭 안아 본다.
13	원하는 것을 빨리 얻고 싶다.	↔	천천히 가더라도, 사랑하는 마음으로 꾸준히 하겠다고 마음먹어 본다.

14	행복하게 살고 싶다.	↔	내가 불행했던 때를 떠올려본다. 살면서 다행이었던 일 세 가지를 떠올려본다.
15	사랑받고 싶다.	↔	사랑받고 싶은 마음속에 숨어 있는 주는 마음을 일깨워 본다. 먼저 상대에게 사랑을 준다.
16	내 인생이 어떤 틀에 갇혀 있는 것처럼 답답하다.	↔	어디론가 훌쩍 떠나본다. 계획 없이 며칠 살아본다.
17	생각이 너무 많다.	↔	직관에 따라 행동해본다. 나는 절대 나를 망가지는 방향으로 몰지 않는다.
18	뒤처지는 것 같아 불안하다.	↔	잘했던 것을 떠올려본다. 좋아하고 사랑하는 것에 집중해본다.
19	실패하고 망했다는 생각이 든다.	↔	그 경험을 통해 무얼 배우고 이해했는지 정리해본다. 내가 갖고 있는 것을 생각해본다. 이마저도 없었으면 얼마나 힘들었을지 생각해본다.
20	끝났다는 생각이 들어 서글퍼진다.	↔	아, 이제 새로운 기회가 오려나 보다. 묵은 각질이 떨어져 나가 새살이 돋아날 거라고 여겨본다.

자기연결감
회복하기

나 자신을 제약하는 환경과 사건을 만나면 내면의 힘이 약화되기 쉽습니다.
하지만 나를 살게 하고 춤추게 하며, 더 나은 나로 이끄는 자기연결감은
내면에서 나오는 근원적인 힘이기 때문에
고정된 형태를 넘어선 힘과 사랑으로 이어져 있습니다.
5장에서는 자기연결감을 통해
내 삶의 지반을 단단하게 하는 과정을 구체적 사례를 통해 함께합니다.

네 속에 내가 있다?

　하루는 후배가 "전 이제 그 모임 안 나갈 거예요"라고 말했습니다. 연유를 물으니 "Y가 잘난 체하는 것도 싫고, 자기 방식대로 리드하는 것도 싫다"고 답했습니다. Y는 고집이 강한 면이 있지만, 나서서 궂은일도 마다하지 않고, 사람들을 챙기는 면도 있어서 그를 좋아하는 사람들에게는 인기가 있는 편이었습니다.

　Y처럼 다른 사람 눈에는 괜찮은데, 유독 나를 불편하게 하는 사람을 만날 때가 있습니다. 그런데 그 사람의 싫은 면은 내가 싫어하는 나의 숨겨진 측면이거나, 나는 잘 참고 있는데 그는 잘 표출한 것이었거나, 과거 안 좋은 경험을 남겼던 모습일 수 있습니다. 내가 그러한 지점을 필요 이상으로 두려워하고 있는 것일 수도 있고요. 그럴 때는 '아, 내가 그런 면을 불안해하고 두려워하고 있구나' 하고 인정하

면 더 이상 과도하게 반응하지 않게 되어 대처 방안도 떠오르게 됩니다. 무엇보다 내가 싫어하는 지점의 반대 급부에 내가 소중히 여기는 가치가 있고, 그것이 훼손당했을 때 올라오는 마음임을 알아차릴 필요가 있습니다. 예를 들어 사람 간 신뢰와 믿음을 소중히 여긴다면 상대가 그것을 깨뜨렸을 때, 견딜 수 없이 불편한 마음이 올라오는 거죠.

심리학에서는 이것을 '투사projection'라고 하는데, 내 생각·감정·욕구·가치를 기반으로 나를 둘러싼 환경과 사람을 지각하는 것을 뜻합니다.

일상생활 속 투사

투사는 살면서 빈번하게 일어납니다. 예를 들어 어떤 청년이 고개를 푹 숙인 채 공원에 웅크리고 있습니다. 그때 지나가던 A, B, C, D가 그를 봅니다. 최근에 가족을 떠나보낸 A는 마음이 짠해집니다. 자신도 모르게 '혹시 가족을 잃어서 힘들어하는 건 아닐까?' 하고 투사합니다. 연인과 헤어진 B는 '너도 여자친구랑 헤어졌니?' 하고 자신도 모르게 투사합니다. 지원한 회사에 떨어진 C는 '에휴. 너도 취업하는 게 힘들구나?' 하고는 한숨을 내쉽니다. 매사 의기소침한 아들이 못마땅한 D는 '다 큰 사내 녀석이 대낮에 공원에서 웅크리고 있고 쯧쯧. 저렇게 약해 빠져서야' 하고 자신의 아들을 투사한 뒤 지나갑니다. 어쩌면 그는 단지 밤새 신나게 놀다가 피곤해서 잠시 벤치에서 쉬고 있었는지도 모르는데 말이죠.

A, B, C, D가 자신의 투사 지점을 알아차리게 되면 '아내가 요즘 이런 일이 있어서, 불편한 마음이 올라와, 그러한 관점으로 보고 있구나' 하고 자신을 있는 그대로 바라보는 힘이 생깁니다.

K는 후배들한테는 참 잘하곤 했는데, 유독 선배들하고는 사이가 안 좋았습니다. 같은 이야기도 후배가 하면 수용하는데, 선배가 이야기하면 발끈하며 이의를 제기했죠. K는 아버지와 사이가 매우 안 좋았습니다. 그에게 윗사람은 무의식 속 아버지처럼 느껴졌던 겁니다. 그래서 상사가 한마디 하면 아버지가 잔소리하는 것처럼 느껴져 분노가 올라오고, 선배가 조언하면 '꼰대가 나를 억압하려고 하는 소리'로 들려 마음이 영 불편해졌죠. 유독 윗사람하고 잘 안 맞는 이유가 '아버지에게 억압당했던 내면 아이'의 투사 때문이었음을 깨달으면서, 화가 날 때면 그 아이를 가만히 안아주게 되었다고 합니다.

J는 어머니와 동생을 과잉보호하는 경향이 있었습니다. 그러다 자신 안에도 약하고 의지하고 싶은 부분이 있지만, 그것을 인정하는 게 두려워 역으로 자신의 약한 모습을 가족에게 투사해왔다는 것을 깨달았습니다. 나에게도 약한 면이 있을 수 있다는 것, 설사 그러한 면이 표출되더라도

괜찮다는 것을 수용하자, 가족을 과잉보호하던 투사를 거둘 수 있었습니다.

이처럼 남들에게는 괜찮은데 유독 자신에게 걸리는 부분이 있다면, 내 안에 해결되지 않는 무언가가 있음을 알아차리기만 해도 치유는 시작됩니다. 나한테 그러한 욕심이 있으니까, 상대의 그러한 욕심이 더 눈에 잘 보이고, 나에게 어떠어떠한 면이 있으니까 상대의 어떠어떠한 면을 못 견디는 경우가 많음을 이해하는 거죠.

투사는 우리 의지와는 상관없이 자연스럽게 일어납니다. 다만 투사를 알아차린다는 것은 무의식에서 의식으로 올라왔다는 것이기에 영향력을 잃게 되는 거죠. 어떤 면에서 투사는 무의식을 비추는 영사기 같은 존재입니다. 무의식은 투사가 일어나지 않으면 의식과 결코 만날 수 없으니까요.

오, 나의 뮤즈

살다 보면 내 마음을 사로잡는 뮤즈 같은 인물이 등장할 때가 있습니다. 사랑하는 사람이든, 동경하는 사람이든, 롤모델이든, 영화 속 인물이든. 나의 뮤즈를 찾는 프로그램을 진행할 때, 내가 좋아하는 인물을 떠올리게 한 다음, 그에게 어떤 매력이 있냐고 물으면 다양한 답변이 나옵니다.

친절하다, 열정적이다, 용감하다, 우아하다, 귀엽다, 똑똑하다 등등……. 그런데 그 매력이란 건 알고 보면 자신에게도 있는 지점이거든요. 내 안에 있으니까 타인을 통해 보는 것이죠. 특히 자기 안의 좋은 점들이 충분히 발현되지 못할 때, 타인에게서 그러한 면모를 발견하면 상당히 끌립니다.

예를 들어 내 안에 개그 본능이 숨어 있는데, 엄한 환경에서 자라 그걸 억제해왔다면 주변을 웃기고 분위기를 화기애애하게 하는 사람에게 매혹당하는 것입니다. 알고 보면 따뜻한 구석도 있는데 직업상 냉철할 수밖에 없다면, 따뜻한 면을 가진 상대에게 홀딱 빠지고 맙니다. 내면의 카리스마와 잘 접촉하지 못한 채 살아왔다면 대중을 압도하는 이를 보면 가슴이 설레죠. 본인에게 예술적 재능이 있는데, 펼쳐 보이지 못한 채 가슴속 깊이 묻어두었다면 예술 활동을 멋지게 하는 이를 보면 좋아하게 됩니다.

이렇게 내 안의 긍정적 속성을 상대에게 투사해 그 투사물을 사랑하는 거죠. 하지만 이렇게 외부로 투사된 이미지는 내가 꽃피워야 할 지점을 상대에게 대신 짊어지게 해 나의 성장을 제한시키고, 상대에게 의존하게 합니다. 어디 그뿐인가요. 시간이 흐르면 상대에게 투사한 뮤즈의 이미지가 벗겨지면서 실망하기도 합니다.

흔히 꽁깍지가 벗겨졌다고 하지요? 리더십 있고 화끈한 면이 좋았는데, 시간이 흐를수록 자기 멋대로 하고 분노를 조절하지 못한다는 생각이 든다면? 나를 있는 그대로 자유롭게 해주고 수용해주는 점이 참 좋았는데, 나중에 보니 나에게 무심한 사람이고, 본인에게만 집중하고 있다면? 잘 챙겨줘서 자상하다 느꼈는데, 시간이 흐를수록 잔소리하고 간섭해서 날 자꾸 바꾸려고 든다면?

상대의 어떤 지점에 끌렸는데, 그 지점이 도리어 불편하게 다가온다면 자신에게 결핍되었다고 느꼈거나 자신이 필요로 한 지점을 상대에게 투사해놓고 실망한 것일 수도 있습니다. 자신에게도 그러한 좋은 면이 잠재되어 있는데 상대에게서만 보았다면 상대의 긍정적 측면이 내 안에 방치되어 있는 것은 아닌지 살펴보고, 움트지 못한 나의 긍정적 측면을 일깨워주세요. 그렇게 할 때 발견한 내면의 힘을 나의 에너지와 활력으로 쓸 수 있습니다.

예를 들어 예술하는 사람을 동경한다면 나도 도전하고 싶은 분야의 예술을 시도해봅니다. 요리를 잘하는 사람에게 끌린다면 요리를 배워보는 거죠. 당당한 사람이 멋져 보인다면 나의 좋은 점을 떠올리며 스스로를 믿고 격려해줍니다. 자기 관리하는 사람이 대단해 보인다면 스케줄러에 하루를 계획해보고 그것을 지켰을 때 폭풍 칭찬을 해주고요.

이렇게 자신의 뮤즈를 상대에게 투사하기보다 내면에서 발견하고 키울 때, 자신도 성장하고 상대도 있는 그대로 사랑할 수 있습니다.

O **나도 몰랐던, 내 안의 긍정적 지점 탐색해보기**

1. 부러워하거나 멋지다고 생각하는 사람이 있습니까? 영화 속 인물이나
   상상 속 인물도 괜찮습니다. 그 사람의 어떤 면이 좋은가요?

나는 ○○이가 _____해서 좋다.

2. 위의 빈칸을 '나는'이라는 주어로 바꾸어 통찰해보세요.

예 | 나는 ○○이가 씩씩하고 호방해서 좋다.
   → 나는 내가 씩씩하고 호방한 게 좋다.
     나는 씩씩하고 호방한 사람이 되고 싶다.
     나도 몰랐던 나의 숨겨진 긍정적 지점은 씩씩하고 호방하다는 것이다.

나는 ○○처럼 _____ 할 수 있으면 좋겠다.

나는 내가 _____ 한 게 좋다.

나도 몰랐던 나의 숨겨진 긍정적 욕구의 지점은 _____ 한 점이다.

O 나의 투사 지점 체크해보기

상대의 부정적 지점이 보인다면, 거기에는 나의 생각·감정·욕구·가치가 투사되어 있다는 것입니다. 그러한 지점을 알아차릴 때도 주어 바꾸기를 해보면 도움이 됩니다.

1. 상대가 나에 대해 어떻게 생각하는지 써보세요.

○○○은 나를 _____ 라고 생각한다.

2. 상대 주어를 '나'로 바꾸어 투사 지점을 알아차려 보세요.

예 | ○○○은 내가 ○○하다고 무시한다.
　　→ 나는 내가 ○○하다고 무시한다.

　　○○○은 나를 싫어한다.
　　→ 나는 ○○○을 싫어한다.

　　○○○은 내가 그럴만한 사람이 못 된다고 생각한다.
　　→ 나는 내가 그럴만한 사람이 못 된다고 생각한다.

　　○○○은 나를 경계한다.
　　→ 나는 ○○○을 경계한다.

→ 나는 내가 _____ 라고 생각한다.
나는 ○○○을 _____ 라고 생각한다.

나, 세상을
바라보는 안경

하루는 음악 오디션 프로그램을 보는데, 세 명의 참가자가 심사받는 장면이 나왔습니다. 그중 한 명은 탈락하는 상황이었죠. 세 참가자 모두 노래 실력이 뛰어나 우열을 가리기가 힘들었습니다. 그때 한 친구가 이렇게 말했습니다. "난 A가 탈락할 것 같아. 춤 실력이 두 명에 비해 떨어지잖아." 이 친구는 당시 직장인 춤 동호회에 빠져 있었는데, 참가자들의 춤 솜씨에 점수를 매기고 있었습니다. 다른 친구는 "난 B가 떨어질 것 같아. 다른 참가자는 일취월장한 모습인데, B는 저번과 비슷한 무대여서 식상해"라고 했죠. 이 친구는 당시 '변화를 위해 이직해야 할까? 아니면 계속 다녀야 할까?'라는 이슈를 갖고 있어서인지 유독 참가자들의 변화와 성장에 관심이 많았습니다. 저 역시 B가 떨어질 것 같다고 말했는데, 그 이유는 달랐습니다. B가 저번 무대와 큰 차이가 없는 점은 오히려 기복 없이 꾸준한 실력을 갖고 있기 때문이라고 여겼습니다. 다만 팀 미션을 수행할 때 부족한 모습을 보였다 싶었죠. 당시 팀워크에 관련한 내면 탐구 프로그램을 진행하고 있어 그런 부분들이 두드러져 보였던 겁니다.

이처럼 같은 상황을 겪고, 같은 사람을 봐도 판단 기준이 다릅니다. 당시 내가 처한 상황, 겪고 있는 이슈, 그간 살아온 환경이나 성격, 상대를 통해 느끼는 나의 어떤 지점에 따라 달라집니다.

나의 개인 구성 개념을 찾아서

성격심리학자인 조지 켈리George Kelly는 세상에 백 퍼센트 객관적 진실은 존재하지 않으며, 세계는 자신이 주관적으로 보는 관점으로 구성된다고 보았습니다. 각 개인은 '개인 구성 개념personal construct'을 근거로 세상을 해석한다는 거죠.

지역색에 관심이 많은 사람은 "어디 출신 사람이지?"라고 제일 먼저 묻습니다. 부동산에 관심이 많은 사람은 "부동산이 얼마나 있을까?" 궁금해하고, 배우자가 외도한 경험이 있는 사람은 "바람기가 있을까?" 하고 의심의 눈초리를 보냅니다. 그러니까 어떤 사람을 볼 때, 그 사람을 통해 제일 먼저 떠오른 개인 구성 개념은 현재 자신이 관심 있게 보는 것, 살아온 환경과 경험에 의해 투사됩니다.

타인을 통해 가장 먼저 보는 지점은 자신을 바라볼 때도 고스란히 적용됩니다. 이는 곧 내 삶의 질과 행복에도 많은 영향을 끼칩니다. 때로 어떤 구성 개념은 나에게 너무 중요해서 삶 전체를 휘감고 있을 수도 있죠. 예를 들어 "나는 이 회사에 꼭 합격해야 한다. 탈락하면 인생 실패자다"라는 구성 개념을 갖고 있으면, 그 회사에 들어가면 내 삶을 가치 있고, 탈락하면 나는 무가치하고 쓸모없는 사람이라고 생각할 수 있습니다. 하지만 삶을 소중한 나무로, 직업은 계절에 따라 옷을 바꿔 입는 잎사귀 정도로 여기면, 탈락했을 때 실망하더라도 내 존재 자체를 버리고 싶어 하지는 않습니다.

자존감에 대한 여러 연구를 보면, 살면서 어려운 일이 생겨도 결국은 다양한 자기복합성self-complexity을 가지고 있을 때, 완충 지대가 생겨 유연하게 일어설 수 있습니다. 자기복합성이란 나를 하나의 개념으로만 정의하는 것이 아니라 다양한 가치를 가진 복합적 인물로 보는 것입니다.

예를 들어 특정 직업을 가진 나는 이성적일 수밖에 없지만 개인적인 공간에서는 감성적인 예술가일 수 있습니다. 낮에는 조용히 일하지만, 퇴근 후 동호회에서는 분위기 메이커가 될 수도 있고요.

일상에서 스스로를 마주할 때도 그렇습니다. 자기복합성이 있으면 우울한 날도 있지만 행복하고 기쁜 날도 있다는 것, 나는 a라는 지점은 부족하지만 b라는 좋은 점도 있다는 것을 알고 있습니다. 어떤 사람은 나를 안 좋아하지만, 나를 좋아해준 사람도 있다는 것, 이번에는 결과가 안 좋아도 다음에는 달라질 수 있다는 것, 실패할 때도 있지만 성취한 일도 있다는 것을 알아차립니다. 비록 어릴 때 꿈꿨던 직업을 갖지 못했지만, 보는 안목이 뛰어나고 친절해서 단골손님이 많다는 것, 뛰어난 외모를 가진 건 아니지만 말을 조리 있게 잘한다는 것, 내세울 만한 스펙이 없어도 어릴 때 부모님의 사랑을 듬뿍 받았다는 것, 내가 부러워하는 사람은 나의 이런 면은 갖지 못했다는 것 등과 같이 스스로를 폭넓은 관점에서 바라볼 줄 알게 되지요.

나에게 이런 면과 저런 면이 있지만, 충분히 괜찮은 사람이라는 자기복합성이 있으면 자신뿐 아니라 타인을 대할 때도 풍부한 개인 구성 개념으로 보기 때문에 자존감이 올라갈 수밖에 없습니다. 하지만 스스로에게 단 하나의 라벨만 붙이게 되면, 마치 협소한 공간에 자신을 집어넣고 그 공간이 무너지면 세상이 무너진 듯한 상실감을 느낄 수밖에 없는 거죠.

자신의 제한선 탐구하기

요즘 MBTI 검사로 자신의 성격 유형을 알아보는 게 유행입니다. MBTI는 융의 성격유형론을 근거로 탄생했는데요. 융은 말년에 주역의 원리를 깨치면서 본인이 어떤 한쪽의 성향을 쓰고 있다면, 그건 단지 그가 그러한 상황에 놓였을 때 나오는 적응의 경향성일 뿐 그 너머에 안 쓰는, 즉 잠재되어 있는 지점도 있다고 보았습니다.

자신이 내향형이라면, 살면서 에너지를 안으로 수렴해서 보다 잘 쓰고 있을 뿐 가려진 외향성도 있을 수 있습니다. 사람은 다면적이고 입체적이기에 내향형이라고 해서 언제 어디에서나 어떤 사람 앞에서나 내향적이지만은 않습니다. 한쪽 극을 쓰고 있다는 건 반대 방향의 극이 수면 밑으로 가라앉아 있는 것이기에 상황이 바뀌면 자신도 몰랐던 반대 지점이 얼굴을 내밀기도 합니다. 예를 들어 말수가 적은 사람이 친한 벗을 만나면 수다스러워지기도 하고, 대중을 잘 웃기는 사교성 많은 사람이 가족과 있으면 말수가 줄고 조용해지기도 합니다. 얌전한 사람이 멍석을 깔아주면 신나게 춤추기도 하고, 피도 눈물도 없이 냉정해 보이는 사람이 억압된 감정이 터지는 상황을 마주하면 도리어 자제가 안 되기도 합니다.

MBTI 검사 역시 환경 변화가 있거나, 시간이 흘러 재검사를 해보면 달라져 있기도 합니다. 그러니 어떤 유형이 나왔다고 거기에 갇히기보다 그 건너편에 안 쓰고 있는 지점이 무엇인지도 살펴보면 좋겠습니다.

우리는 자신도 모르게 나만의 틀을 만들고 거기에 스스로를 맞추려는 경향이 있습니다. 그럴 때 자신의 개인 구성 개념을 알아차리기 위해서는 내가 어떤 것에 붙들려 있는지, 나를 둘러싼 환경은 어떤지, 세상을 보고 판단할 때 기준이 되는 지점은 무엇인지, 그로 인해 다른 가능성을 놓치고 있는 건 아닌지 살펴볼 필요가 있습니다.

예를 들어 어떤 것에 트라우마가 있다면 그것을 회피하는 과정에서 더 다양한 선택지를 보지 못하고 움츠러들기 쉽습니다. 반대로 어떤 것에 지나친 자부심을 갖고 있다면 살다가 그것을 상실했을 때는 삶이 송두리째 무너지기도 합니다. 또한 그것을 가지지 못한 사람들의 장점은 보지 못하거나 그와 상관관계가 없더라도 그 부분만 있으면 무조건 좋고, 그것이 없으면 무조건 나쁘다고 보기도 합니다.

내가 살면서 가장 중요하게 여기는 것은 무엇인가요? 가장 피하고 싶어 하는 것은 무엇인가요? 꿈꾸는 지점은 무엇인가요? 부족하다고 느끼는 것은 무엇인가요? 누구를 사랑하고, 누구를 미워하나요? 이러한 질문 속에 숨어 있는 나의 개인 구성 개념을 찾아보세요.

O 나의 개인 구성 개념 찾아보기

1. 문득 생각나는 세 명을 떠올려보세요.

2. 떠올린 세 명을 두 사람 대 한 사람으로 나눠봅니다.

3. 그렇게 나눈 근거는 무엇인가요?

4. 그 기준은 내 삶에서 얼마나 중요한 비중을 차지하고 있나요?

5. 그 기준을 나에게도 적용해보면 나는 어떤 사람인가요?

6. 그 기준이 나를 보호해주는 점은 무엇인가요?

7. 그 기준이 나 자신을 제한하고 있는 점은 무엇인가요?

관계 짓는 마음

어제는 파도를 보는데 색이 어찌나 아름다운지 '저 파도를 H와 함께 보고 싶다'는 생각을 잠깐 했습니다. 하지만 H가 이제 세상에 없다고 생각하니 슬퍼졌습니다.

우리 마음은 가만히 들여다보면 무의식적으로 반대극과 관계 짓는 버릇이 있습니다. 불행이라는 단어를 보면 행복이라는 단어도 자연스럽게 같이 떠오릅니다. 불행은 행복해봤기 때문에 그 결핍으로 느끼는 것이죠. 언어심리학자들은 인류가 진화해온 이유가 언어를 기반으로 관계를 추론하는 능력을 갖고 있기 때문으로 봅니다.

질문을 해볼게요. 요즘 싫어하는 사람이 있나요? 그리고 앞으로 만나고 싶은 사람은 어떤 사람인가요(상상도 좋습니다)? 떠올렸다면 아래 질문에 답해보세요.

(1) 두 사람의 차이점은 무엇인가요?

(2) 공통점은 무엇인가요?

(3) 후자는 전자보다 어떤 점이 더 괜찮은지 생각해보세요.

(4) 전자가 후자의 원인이 된다면 어떤 점에서 그러한가요?

사실 이 두 사람은 개별적 존재이지만 어떻게 연관 지어 추론하느냐에 따라 다양한 풀이가 가능합니다. 요즘 나한테 이슈가 되는 것들, 그리고 무의식적으로 이어지는 지점들이 드러나기 때문이죠. 이러한 관계 짓기는 삶의 질을 좌우하기도 합니다.

예를 들어 길에 버려진 가구가 있습니다. 기분이 좋을 땐 '아, 가구가 버려져 있네'라고 나와 관계 짓지 않고 지나갑니다. 하지만 내 마음이 울적한 날에는 '나는 버려진 가구 같아. 사람들도 버려지는 가구 같아'처럼 관계를 짓기 마련입니다. 그리고 이러한 상호작용은 실제로 나의 신체와 감정을 변화시킵니다.[1]

쓸데없는 열등감 = 쓸데없는 거대 자기

관계 짓기는 자연스러운 반응입니다. 다만 나와 공통점은, 다른 점은, 잘난 점은, 부족한 점은 무엇인지 끊임없이 관계 짓기 시작하면 삶의 질이 떨어질 수밖에 없습니다. 특히 거대 자기(이상화)에 기준을 두고 상향 비교하면 자존감이 떨어질 수밖에 없지요. 예를 들어 자신이 말이 서툰 것을 친구나 주변인이 아닌 전문 MC와 비교한다거나, 자신이 못생겼다면서 연예인과 비교하고 있다면 자존감이 떨어질 수밖에 없습니다. 하지만 우리는 자신을 볼 때, 타인을 바라볼 때보다 그 평가 기준이 높습니다. 타인이 그 정도 했을 때는 그럴 수 있다고 생각하지만, 자신이라면 만족하지 못하는 경우가 많습니다. '왜 난 이거밖에 안 되지?'라는 내부 대화 속에는 '난 아주 잘되어야 할 사람인데, 우울하다'라는 거대 자기의 목소리가 깔려 있지요. 열등감의 뒷그림자가 우월감인 이유도 이런 연유에서입니다.

무엇보다 요즘은 SNS가 발달해 있습니다. 타인의 가장 행복한 지점을 편집해놓은 삶을 SNS로 보며 '난 왜 이렇게 초라하지?'라는 자괴감에 시달리기도 하죠. 다들 자기만의 거대 자기에 사로잡혀 있습니다. 그러한 거대 자기는 상당 부분 왜곡되어 있고, 세상에 완벽한 자기는 없음에도, 일상 속 나를 초라하게 만들어 거대 자기와의 격차만큼 무기력하게 만듭니다. 이러한 쓸데없는 열등감은 다시 쓸데없는 거대 자기를 향한 사투로 이어집니다.

하루는 옆 테이블에 귀여운 아이와 젊은 부부가 앉아 있었습니다. 아이가 "아빠 최고! 엄마 최고!" 하면서 활짝 웃고 있었죠. 발달 시기로 보면 아이에게 부모는 거대 자기의 표상이라 할 만큼 온전한 신 같은 존재일 것입니다. 그러다 사춘기가 되면 거대 자기를 투사한 부모님이 아주 작은 존재로 쪼그라들기 시작합니다. '왜 우리 부모님은 나를 이해 못할까? 왜 드라마에 나오는 것처럼 멋진 사람들이 아니지?' 그러다 방황이 시작되고 이윽고 내면의 치열한 사투 끝에 아이는 깨닫습니다. '그럼에도 불구하고 우리 부모님이구나.'

이렇게 부모에 대한 긍정성과 부정성을 골고루 받아들이는 단계에 이르면, 자기 자신을 볼 때도 통합성을 갖게 됩니다. 내 안에 찌그러진 점도 있지만 꽤 괜찮은 지점도 있다는 것을 알게 됩니다. 괜찮은 나에 더 무게중심을 두고 확장해가면 자기효능감이 높아져 내가 잘할 수 있는 일에 집중하게 됩니다. 하지만 찌그러진 나에게 초점을 맞추면 일부러 내가 잘 못하는 것, 내가 견뎌야만 하는 것, 내가 감당할 수 없는 사람과 인연이 될 확률이 높아집니다.

부모와의 관계는 대인관계의 패턴으로 확장되어 관계에 불균형을 가져오는데요. 예를 들어 부모와의 관계에서 결핍은 배우자에 대한 욕망으로 이어집니다. 부모에게 어린 시절 정신적인 사랑을 받지 못했다면 그것을 배우자로부터 받으려고 합니다. 물질적인 결핍을 느꼈다면 그것을 배우자로부터 충족하려고 하고요. 하지만 상대 배우자 역시 마찬가지입니다. 다행히 서로가 줄 수 있는 부분을 보완하면 좋은데 시소가 언제나 완벽한 균형을 이루기는 어렵습니다.

주어 일치성의 비밀

핵심 감정[2]을 찾는 프로그램을 진행하다 보면, 많은 이가 질투라는 감정에 대해 상당히 불편해합니다. 도대체 이 질투라는 감정은 어디에서 비롯되는 것일까요? 사실 질투는 자연스러운 감정입니다. 질투를 가만히 들여다보면 그것이 상대와 나를 하나로 관계 짓는 '주어 일치'에서 일어남을 통찰할 수 있습니다. 예를 들어 상대와 나는 각자 다른 고유의 존재임에도 10점 만점으로 묶어서 상대가 7을 가지면 나는 3밖에 없다고 생각하는 거죠.

이러한 주어 일치성은 무의식적으로 우리가 하나라고 느끼기 때문에 벌어지는 현상입니다. 예를 들어 누군가 입에 신 레몬을 물고 있으면 내 혀에도 침이 고입니다. 누군가 거리에서 욕설을 하고 침을 뱉으면 그 상황 속에 내가 있다고 느껴 덩달아 기분이 나빠지죠. 누군가 억울하고 슬프면 나도 모르게 이입이 되어 눈물이 나고 화가 납니다. 월드컵 경기에서 우리 팀이 상대 국가를 이기면 으쓱하고 신이 나고요. 모두 무의식적 주어의 일치에서 올라오는 감정입니다.

제가 주목하는 부분은 매슬로의 '성장 의지' 견해입니다. 예를 들어 우리는 왜 게임에 중독되는 걸까요? 자신의 레벨이 올라가서 성장하고 있음을 즉각 확인할 수 있기 때문입니다. 사람은 누구나 더 나은 삶을 살고 싶어 하고, 성장하고 싶어합니다. 이러한 관점에서 본다면 질투라는 감정은 "나도 너처럼 잘살고 싶어"라는 나의 성장 의지에서 비롯된 것이죠. 그러한 나의 성장 의지를 존중해주고 지지해주면, 질투는 나를 성장하게 하는 힘이 됩니다.

내가 갖는 부정적 감정에 대해서도 수용하고 자비심을 갖게 되면, 그 감정은 순간적으로 올라오는 에너지 덩어리일 뿐임을 알아차릴 수 있습니다.

부정적 감정만큼이나 긍정적인 감정에도 주어 일치성이 있습니다. 곁에 있는 사람이 행복하면 나뿐만 아니라, 나의 친구의 친구까지 행복해진다는 연구 결과가 있습니다.[3] 이러한 행복감은 주변 사람들과의 관계를 끈끈하게 해 다시 나의 행복으로 돌아오는 부메랑 효과까지 있습니다. 관계 짓는 마음으로부터 자유로울 수 없다면, 연결의 그물망을 사랑의 파동으로 넓혀보면 어떨까요?

O 연결 짓는 마음에 절개선 내기

1. 요즘 어느 정도 행복을 느끼는지 아래 척도에서 숫자를 매겨보세요.

0   1   2   3   4   5   6   7   8   9   10

전혀 아니다   어느 정도 그렇다   매우 그렇다

2. 이 숫자에서 1점이 더 올라가려면 무엇이 필요할까요?

예 | 있는 그대로 수용해보기, 반대로 해보기, 일단 움직이기, 작은 것이라도 성공했던 경험
과 그 요인을 생각해보기.

3. 요즘 마음이 힘들다면, 어느 정도 강도인지 위 척도에서 매겨보세요.

4. 요즘보다 더 힘들었던 과거는 없었는지 떠올려봅니다. 그때와 비교했을
때, 요즘은 어느 정도 힘든지 다시 체크해보세요.

예 | 요즘 8점 정도 힘든데, 예전에 진짜 힘들었던 때를 떠올리니 5점 정도로 내려갔다.

5. 나를 불행하게 하는 요인은 무엇인가요? 그로 인한 내 감정은 어떤가
요? 이 감정의 긍정적 의도(내가 원했지만 실망한 지점, 진심으로 나아가고자
하는 방향)는 무엇일까요? 그쪽으로 나아가려면 어떻게 해야 할까요?

O 비교하는 마음으로 힘들 때, 체크해볼 질문들

1. 비교한 그 사람에게 부족해 보이는 부분은 없나요?

2. 그 사람보다 더 뛰어난 사람은 없나요?

3. 나보다 그러한 면이 부족한 사람은 없나요?

4. 앞으로 그러한 점을 보강할 방법이 있나요?

5. 과거에는 부족했는데, 지금은 조금이라도 나아진 점은 없나요?

6. 나만의 매력과 강점은 무엇인가요?

자기연결감 회복하기

이십대 초반, 따뜻한 조언을 해주시던 선생님을 오랜만에 만났습니다. 마치 그 시절로 돌아간 듯 "선생님은 왜 살아요? 삶의 의미가 뭐예요?"라고 얼치기 같은 질문을 하니, 선생님은 호쾌하게 답해주셨습니다. "난 말이야. 그냥 경험하려고 산다. 삶의 많은 순간에 대해서 더 온전하게, 방어 없이, 충만하게, 경험하려고…….." 고개를 끄덕이지 않을 수 없었습니다. 고통이 오면 고통을 경험하고, 기쁨이 오면 기쁨을 느끼고, 슬픔이 오면 슬픔에 젖셔지고, 행복이 오면 또 바보처럼 행복해하고요. 그렇게 흘러가는 게 삶인지도 모릅니다.

삶에도 지도가 있다면 얼마나 좋을까요? 미래가 불안할 이유도, 지금 현재 가고 있는 길이 맞는지 의혹을 품을 이유도 없으니까요. 하지만 삶은 복잡다단해서 한 치 앞도 알 수가 없습니다. 그럼에도 우리 내면에는 나 자신과 연결된 끈이 있습니다. 이러한 내면의 끈을 따라가는데 전조등 역할을 해주는 게 삶의 가치입니다.

생애발달주기를 연구하는 학자들은 공통적으로 이렇게 말합니다. 시험에 합격하거나 학위를 취득하거나 원하는 직장에 들어가거나 결혼을 한 뒤에 우울이 찾아오는 이유는 그러한 목표들이 내 삶의 가치 속에 놓여 있지 않고 수단이 되기 때문이라고 말입니다. 만약 내 삶의 가치가 '경험을 통한 배움과 성장'에 있다면 시험을 보는 이유도, 학위를 따는 이유도, 일하는 이유도, 가족 구성원을 향한 태도도 달라집니다. 설사 지그재그로 가더라도 그 모든 과정이 경험을 통한 배움과 성장이라는 가치와 연결되기에 쉽게 무너지지 않습니다.

나와 타자를 연결하는 힘

대학 기부금을 유치하는 업무를 하는 미시간 대학의 콜센터 직원들의 근무 의욕을 조사했더니 만족도가 현저히 낮았습니다. 통화 중 약 93퍼센트가 퇴짜를 맞았으니 오죽했을까요. 어느 날, 기부금의 혜택을 입은 학생들이 찾아와 당신 덕분에 인생이 바뀌었다며 감사를 표합니다. 그러자 한 달 뒤 상담원들이 유치한 모금액이 400퍼센트 이상 늘어났습니다. 내가 하는 일이 누군가의 삶에 도움이 된다는 점이 일의 성취 동기를 높인 것입니다. 이처럼 어떤 일을 할 때, 그것이 나에게 의미 있고, 내 삶의 가치와 이어지면 진심으로 전념할 마음이 생깁니다. 무엇보다 내가 하는 일이 거창하고 대단하지 않아도, 내가 할 수 있는 범위 내에서 구체적인 목표로 설정이 되었을 때 결과도 좋고, 행복도 크게 느꼈습니다.

행동과학자인 마이클 노턴Michael Norton의 연구에 따르면 한 그룹에게는 영웅적인 인물을 보여주고, 다른 그룹에게는 우산을 무료로 고쳐주는 등 자신의 재능을 이웃과 나누는 인물을 보여주었습니다. 그런 다음 봉사 활동에 참여할 의사를 묻자, 후자 그룹에서 참여 의지가 더 높았습니다. 왜일까요? 사람들은 대단한 인물을 볼 때는 동경하는 데 그쳤지만, 나도 할 수 있겠다는 생각이 들면 높은 실천 의지를 보였던 것입니다.

중요한 건 누군가에게 도움을 주려고 마음만 먹어도 삶의 의욕은 더 강해졌고, 자신의 인생을 더 사랑하게 되었다는 것입니다. 흥미로운 점은 한 사람이 베풀면, 상대 역시 긍정적 영향을 받아 다른 이에게 베풀었고, 그 베풂을 받은 이 역시 사회에 더 많이 공헌하는 것으로 나타났습니다.

인터뷰할 때마다 반복해 느꼈던 점이, 유독 자신이 하는 일에 배짱이 있는 이들은 "우리 같이 잘 되자"라는 공생에 가치를 두고 있는 경우가 많았습니다. 이런 사람은 호떡

하나를 팔아도, 자신의 호떡을 먹는 이들이 행복해지기를 바라기에 자신의 업에 대해 자부심과 사랑이 있었고, 그러한 지점은 상황이 어떠하든 나 자신을 밑받침하는 자기연결감으로 이어져 있었습니다.

자기연결감을 찾아서

우리 내면에는 어린 시절부터 지금까지 항상 함께한 자기연결감이 있습니다. 바쁜 일상에 쫓겨 그 연결감을 자각하지 못할 때도 있지만, 이러한 자기연결감은 언제 어디서 무얼 하든 평생 나와 함께하고 있습니다. 내가 어떠한 모습이든 나라는 사람의 존재 지반을 받치고 있습니다.

신경논리적 단계NeuroLogical Level[4]를 고안한 로버트 딜츠Robert Dilts는 우리 의식이 자기연결감과 만나면 틀어진 척추가 바로 세워지듯 삶이 변화한다고 말합니다. "내 삶의 의미가 무엇인지 모르겠다", "이렇게 살아서 뭐하나?", "어차피 살다가 죽을 텐데 왜 이런 고통을 겪으며 살아야 하는가?"라는 의문이 들 때는 신경논리적 단계를 응용해 빈칸을 메워보면 도움이 됩니다.

내담자 D는 [환경] 단계에서는 "회사 의자에만 앉으면 답답하다. 조급한 마음이 든다. 전화벨만 울려도 신경이 곤두선다. 주변 사람들과의 관계가 피곤하다"라고 호소했습니다.

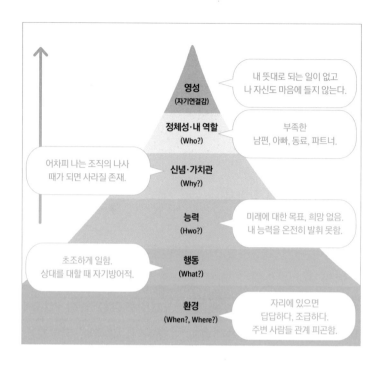

[행동] 단계에서는 불안한 마음으로 일하기에 실수가 잦고, 상대를 대할 때 자기방어적인 모습을 보였습니다. 그러다 보니 [능력] 단계에서는 내 능력을 온전히 발휘하지 못하고, 미래에 대한 희망이나 목표도 분명하지 않았습니다.

이런 상황이 반복되자 "어차피 나는 회사의 나사 같은 존재고 때가 되면 그저 사라질 존재"라는 [신념·가치관]을 가지고 있었습니다.

[정체성·내 역할] 단계에서는 부족한 사람이라는 생각이 들어 [자기연결감]과 끊어져 있었습니다. 그러다 보니 스스로가 마음에 들지 않고, 내 뜻대로 되는 일이 없다는

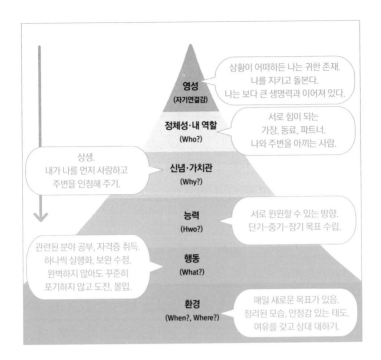

답답한 마음이 있었습니다.

하지만 "상황이 어떠하든 나는 귀한 존재, 나 자신을 지키고 돌본다. 나는 보다 큰 생명력과 이어져 있다"라는 [자기연결감]을 갖자 [정체성·내 역할]에 대한 생각 역시 바뀌었습니다. 백 퍼센트 완벽한 사람이 아니더라도, 우리 가족, 회사, 내가 속한 집단을 아끼며 살고 싶다는 자아 정체감을 갖게 되었습니다. 그러자 누구보다 나를 먼저 사랑하고, 주변을 인정하자는 [신념·가치관]을 품게 되었고요.

이러한 가치를 잘 실현하기 위해 내가 가진 [능력]이 무엇이 있을까 살펴보니 "서로 원원할 수 있는 방향에서 접근하는 능력, 단기-중기-장기 목표를 세우는 능력"을 꼽았습니다. [행동] 단계에서는 "업무와 관련된 분야 자격증 취득, 앞으로 도전하고 싶은 분야에 대한 공부와 이직 준비, 부족한 점은 자문을 구할 것"과 같은 전략을 세웠습니다. 그 과정에 있어 "완벽하지 않아도 하나씩 보완, 수정하며 꾸준히 도전할 것"이라고 답했습니다. 그러자 매일 새로운 목표 속에서 좀더 안정감 있는 모습으로 주변 사람들에게 여유를 갖고 대할 수 있게 되었습니다.

또 다른 사례로 오래 만나온 내담자 P의 경우입니다. [환경] 단계에서 부모님의 잦은 싸움과 이혼, 그로 인한 경제적 어려움 때문에 불안과 우울함을 가지고 있었습니다. 그러다 보니 [행동] 단계에서 자신을 이해하지 못한 어머니와 수시로 부딪혀 자주 싸우고, 결국 가출도 했습니다.

다시 집으로 돌아왔지만 "나는 그저 엄마가 나를 감정 쓰레기통으로 안 썼으면 좋겠다"라는 억울함만 생겼습니다. [능력] 단계에서는 "할 수 있는 게 없다. 무기력하다"라고 호소했습니다.

이런 무력감으로 인해 "나는 불행한 일만 일어나는 것 같다"라는 [신념·가치관]을 자연스레 고수하게 되었습니다. 그러다 보니 "나는 재수 없는 아이"라는 [정체성·내 역할]을 가질 수밖에 없었던 것입니다. [자기연결감]도 끊어져 있어 "안 태어났으면 좋았을 것. 세상도 싫고, 나도 싫다"는 마음이었습니다.

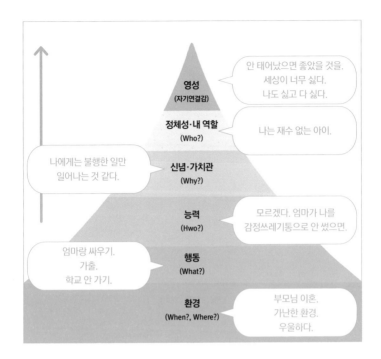

하지만 "상황이 어떠하든 나는 귀한 존재, 나 자신을 지키고 돌본다. 나는 보다 큰 생명력과 이어져 있다"라는 [자기연결감]을 되찾자, "스스로를 사랑해준다. 나 자신의 엄마가 되어준다"는 [정체성·내 역할]을 갖게 되었습니다. 또한 "나는 앞으로 더 성장하고 싶다. 부족한 것은 배워 나가면 되고, 잘하는 것은 더 살리자"는 [신념·가치관]을 품게 되었습니다.

[능력] 단계에서는 "그래, 맞아. 나는 그림을 잘 그렸지. 그리고 예쁘게 꾸미는 것도 좋아해"라는 심미적 감각에 대해서도 눈뜨게 되었죠. 이러한 능력을 더 잘 발휘하려면

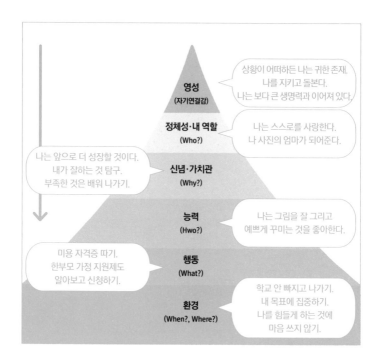

어떻게 하면 좋을지 물었더니, "미용 자격증을 취득하고, 한부모 가족을 지원해주는 제도에 대해 알아보고 도움받겠다"는 [행동] 계획을 세웠습니다.

[환경] 단계에서는 나를 힘들게 하는 것에 더는 마음 쓰지 않고 내가 할 수 있는 것, 예를 들어 학교에 안 빠지고 나가고 헤어 디자이너라는 목표에 집중하겠다고 다짐하자 안정감도 생겼습니다.

나를 제약하는 아랫 단계인 [환경] 단계에서 출발하면 사방이 벽에 가로막힌 것처럼 제약이 많습니다. 에너지가 낮기 때문에 작은 파동에도 균열이 가기 쉽죠. 하지만 내가 언제 어디서 무얼 하든, 나라는 존재의 지반을 받쳐주는 있는 자기연결감을 갖게 되면 물리적 조건을 벗어나, 더 확장된 시야를 가질 수 있습니다.

내 삶의 가치, 내가 소중히 여기는 것과 연결되면 마치 위에서 아래로 물줄기가 흘러내리듯이 자연스럽게 나아갈 수 있습니다. [환경] 단계에 막혀 답답한 기분이 든다면, 고정된 형태를 넘어 힘과 사랑이 흐르고 있는 상위 에너지와 접속해보세요.

○ 자기연결감 회복하기

1. 그 어떤 생각·감정·감각이 올라와도 괜찮습니다. 나를 있는 그대로 받아들여 호흡해보세요.

2. 따뜻한 빛 에너지가 정수리부터 코끝 → 턱 → 목 → 가슴 → 배꼽 → 허벅지 → 무릎→ 발목을 타고 빛을 비추듯이 흘러내린다고 상상해보세요. 마음이 편안해지면 다음 순서로 각 단계를 채워보세요.

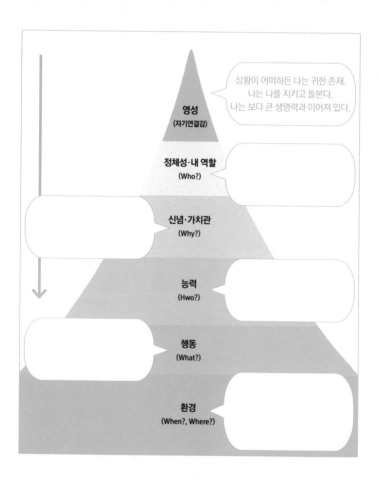

상황이 어떠하든 나는 귀한 존재.
나는 나를 지키고 돌본다.
나는 보다 큰 생명력과 이어져 있다.

영성
(자기연결감)

정체성·내 역할
(Who?)

신념·가치관
(Why?)

능력
(Hwo?)

행동
(What?)

환경
(When?, Where?)

① 자기연결감

상황이 어떠하든 나는 귀한 존재. 나는 나 자신을 지키고 돌봅니다. 나는 보다 큰 생명력과 연결되어 있습니다.

② 정체성·내 역할

내가 소중히 여기는 것은 무엇인가요? 나는 나 자신에게, 어떤 역할을 하나요? 내가 사랑하는 이들에게 나는 어떤 존재인가요?

③ 신념·가치관

어떤 신념과 가치관으로 이 세상을 살아가나요? 내가 이것만큼은 참 잘했다, 싶은 게 있다면?

④ 능력

가치를 잘 실현하기 위해 기르고 싶은 능력은 무엇인가요? 내가 좋아하고 잘하는 것은 무엇인가요?

⑤ 행동

나의 능력을 발휘하려면 구체적으로 어떻게 행동하면 좋을까요?

⑥ 환경

그렇게 하면, 나의 환경이 어떻게 바뀌게 될까요? 어떤 기분 좋은 일이 생길까요?

⑦ 이 모든 단계에 축복을 보내며, 사랑으로 나 자신과 만나봅니다.

"그동안 ＿＿＿＿＿＿＿＿＿＿ 하느라 애 많이 썼지?

＿＿＿＿＿＿＿＿＿＿ 한 상황에도 나름으로 노력해줘서 고마워.

시간이 흐르면 한 단계 더 성장한 나를 만나게 될 거야. 사랑해."

미주

1장

1 Luks, Allan, and Peggy Payne. *The healing power of doing good: The health and spiritual benefits of helping others.* iUniverse, 2001.

2 Dunn, Elizabeth W., Lara B. Aknin, and Michael I. Norton. "Spending money on others promotes happiness." *Science* 319.5870 (2008): 1687-1688.

3 게슈탈트 치료는 삶의 문제들은 분리된 것이 아닌, 신체와 정신, 환경이 하나의 통합적 형태(게슈탈트Gestalt)로 연결되어 서로 영향을 주고받는다는 세계관을 갖고 있습니다. 자신의 욕구나 감정이 올라왔을 때, 제대로 접촉하지 못해 해소하지 못하면, 심리적 장애를 유발한다고 봅니다.

4 Reijntjes, Albert, et al. "Emotion regulation and its effects on mood improvement in response to an in vivo peer rejection challenge." *Emotion* 6.4 (2006): 543.

5 Kumar, Amit, and Nicholas Epley. "Undervaluing gratitude: Expressers misunderstand the consequences of showing appreciation." *Psychological science* 29.9 (2018): 1423-1435.

6 McCraty, Rollin, and Doc Childre. "12 The Grateful Heart The Psychophysiology of Appreciation." *The psychology of gratitude* 230 (2004).

7 Elliott, Colin D. "Noise tolerance and extraversion in children." *British Journal of Psychology* 62.3 (1971): 375-380.

8 Bless, Herbert, et al. "Mood and persuasion: A cognitive response analysis." *Personality and social psychology bulletin* 16.2 (1990): 331-345

2장

1 Magnus, Keith, et al. "Extraversion and neuroticism as predictors of objective life events: a longitudinal analysis." *Journal of personality and social psychology* 65.5 (1993): 1046.

2 Tugade, Michele M., and Barbara L. Fredrickson. "Resilient individuals use positive emotions to bounce back from negative emotional experiences." *Journal of personality and social psychology* 86.2 (2004): 320.

3 Crum, Alia J., and Ellen J. Langer. "Mind-set matters: Exercise and the placebo effect." *Psychological science* 18.2 (2007): 165-171.

4 Sheldon, Kennon M., and Sonja Lyubomirsky. "Achieving sustainable gains in happiness: Change your actions, not your circumstances." *Journal of happiness studies* 7 (2006): 55-86.

5 Ochsner, Kevin N., et al. "Rethinking feelings: an FMRI study of the cognitive regulation of emotion." *Journal of cognitive neuroscience* 14.8 (2002): 1215-1229.

6 Gross, James J., and Oliver P. John. "Individual differences in two emotion regulation processes: implications for affect, relationships, and well-being." *Journal of personality and social psychology* 85.2 (2003): 348.

3장

1 Vohs, Kathleen D., et al. "Decision fatigue exhausts self-regulatory resources—But so does accommodating to unchosen alternatives." *Manuscript submitted for publication* (2005): 1-55.

2 Mead, Nicole L., and Vanessa M. Patrick. "The taming of desire: Unspecific postponement reduces desire for and consumption of postponed temptations." *Journal of personality and social psychology* 110.1 (2016): 20.

3 Stöber, Joachim, and Jutta Joormann. "Worry, procrastination, and perfectionism: Differentiating amount of worry, pathological worry, anxiety, and depression." *Cognitive therapy and research* 25 (2001): 49-60.

4 Taylor, Shelley E., et al. "Harnessing the imagination: Mental simulation, self-regulation, and coping." *American psychologist* 53.4 (1998): 429.

5 Hagger, Martin S., et al. "Ego depletion and the strength model of self-control: a meta-analysis." *Psychological bulletin* 136.4 (2010): 495.

6 Quinn, Jeffrey M., et al. "Can't control yourself? Monitor those bad habits." *Personality and Social Psychology Bulletin* 36.4 (2010): 499-511.

7 Neal, David T., Wendy Wood, and Jeffrey M. Quinn. "Habits—A repeat performance." *Current directions in psychological science* 15.4 (2006): 198-202.

8 Wood, Wendy, Jeffrey M. Quinn, and Deborah A. Kashy. "Habits in everyday life: thought, emotion, and action." *Journal of personality and social psychology* 83.6 (2002): 1281.

9 Crocker, Jennifer, and Lora E. Park. "The costly pursuit of self-esteem." *Psychological bulletin* 130.3 (2004): 392.

10 NLP(Neuro-Linguistic Programming)는 신경(Neuro: 시각, 청각, 촉각, 후각, 미각)과 언어(Linguistic)를 적극적으로 활용해 외부 정보를 새롭게 받아들임으로써 삶의 긍정적인 변화를 만들어 내는 훈련법입니다.

11 Morewedge, Carey K., Young Eun Huh, and Joachim Vosgerau. "Thought for food: Imagined consumption reduces actual consumption." *Science* 330.6010 (2010): 1530-1533.

4장

1 Marcks, B. A., & Woods, D. W. (2005). A comparison of thought suppression to an acceptance-based technique in the management of personal intrusive thoughts: A controlled evaluation. *Behaviour research and therapy*, 43(4), 433-445.

2 수용전념치료(Acceptance & Commitment Therapy: ACT)란 마음속에서 여러 생각, 감정, 감각이 올라올 때 그것과 싸우거나 논쟁하지 않고, 널따란 시선에서 알아차림으로써 선명한 시야를 확보하는 데 중점을 두고 있습니다. 더불어 내 가슴을 뛰게 하는 것, 내 가치에 따른 삶을 추구하며 얻는 활기에 집중합니다.

3 Donaldson-Feilder, Emma J., and Frank W. Bond. "The relative importance of psychological acceptance and emotional intelligence to workplace well-being." *British Journal of Guidance and Counselling* 32.2 (2004): 187-203.

4 Mahoney, Michael J., and Amy J. Moes. "Complexity and psychotherapy: Promising dialogues and practical issues." (1997).

5 상담가가 질문을 던졌을 때, 떠오르는 이미지나 영상을 통해 답합니다. 이때 생각하거나 판단하지 않고, 자유롭게 보이고, 들리고, 느껴지는 대로 답합니다. 시각, 후각, 청각, 미각을 활용해 보다 선명하게 이미지에 접근하면 자신의 욕구와 감정에 생생하게 접촉할 수 있습니다. 언어보다 이미지를 활용하면 의식의 저항을 덜 일으키기 때문입니다.

6 Wilson, Timothy D., et al. "Introspecting about reasons can reduce post-choice satisfaction." *Personality and Social Psychology Bulletin* 19.3 (1993): 331-339.

7 Dijksterhuis, Ap, and Zeger Van Olden. "On the benefits of thinking unconsciously: Unconscious thought can increase post-choice satisfaction." *Journal of experimental social psychology* 42.5 (2006): 627-631.

8 McKenzie, James, and Gary Tindell. "Anxiety and academic achievement: Further Furneaux Factor findings." *Personality and individual differences* 15.6 (1993): 609-617.

5장

1 Chatters, SeriaShia, Carlos P. Zalaquett, and Allen E. Ivey. "Neuroscience-Informed Counseling Theory." *Neurocounseling: Brain-Based Clinical Approaches* (2017): 101-114.

2 핵심감정이란? 동양철학을 정신의학과 융합한 소암 이동식 선생이 통찰한 정서로서, 그의 말을 빌리자면 "핵심감정이란 한 사람의 일거수일투족에 다 배어 있다. 쌀가마니의 어디를 찔러도 쌀이 나오듯이" 한 사람의 인생 전반을 휘감고 있는 정서를 뜻합니다. 보통 초기 아동기 때 나와 정서적으로 가장 밀접했던 사람과의 역동 속에서 만들어집니다. 이렇게 형성된 핵심감정은 자신을 휩싸고 도는 뉘앙스로 남아 나의 행동과 사고, 정서에 영향을 줍니다.

3 Fowler, James H., and Nicholas A. Christakis. "Dynamic spread of happiness in a large social network: longitudinal analysis over 20 years in the Framingham Heart Study." *Bmj* 337 (2008).

4 총 6단계(1. 영성 2. 정체성 3. 신념과 가치관 4. 능력 5. 행동 6 환경)로 이루어져 있으며 상위 단계가 바뀌면 하위 단계는 자연스럽게 바뀐다는 메커니즘을 갖고 있습니다. 중력에 의해 물이 아래로 흘러내리듯이 영성에서 변화가 시작되면 정체성이 명확해지며, 이에 따른 신념과 가치가 정립되어 능력이 달라지고, 예전과는 다른 행동으로 새로운 환경이 조성되어 삶이 변화된다고 봅니다.

내 안의 깊은 눈
자기연결감을 일깨우는 심리학 노트

ⓒ 신은경, 2023

초판 1쇄 발행 2023년 6월 14일

지은이 신은경

펴낸곳 (주)안온북스   펴낸이 서효인·이정미   출판등록 2021년 1월 5일
제2021-000003호   주소 서울시 마포구 월드컵로14길 28 301호
전화 02-6941-1586(7)   홈페이지 www.anonbooks.net
인스타그램 @anonbooks_publishing
디자인 오혜진   제작 제이오

ISBN 979-11-92638-13-3 03180